Sheikh · Allah mein Vater?

Bilquis Sheikh

Allah – mein Vater?

Mein Weg vom Koran zur Bibel

Christliche Verlagsanstalt Konstanz

KONSTANZER TASCHENBUCH NR. 75
Die amerikanische Originalausgabe erschien unter dem Titel I DARED TO CALL HIM FATHER bei Chosen Books, Waco/Texas (USA)

Library of Congress Catalog Number BV 2626.4.S53A33–248'.246'0924[B]-77–15603

Aus dem Amerikanischen übertragen von Eva Heumann, Markdorf
Die Lektoratsarbeit wurde vom Orientdienst e. V., Wiesbaden, besorgt

9. Auflage 1986

Satz: MZ-Verlagsdruckerei, Memmingen
Druck: Jacob Druck GmbH, Konstanz
Bindearbeiten: CVA-Buchbinderei, Konstanz
Printed in Germany
ISBN 3-7673-7075-1

Inhalt

Vorwort von Pfarrer W. Höpfner 7
1. Etwas macht mir angst 9
2. Das fremde Buch 22
3. Die Träume 31
4. Die Begegnung 38
5. Die Wegkreuzung 54
6. Wie ich Seine Nähe suchen lernte 62
7. Die Taufe mit Feuer und Wasser 74
8. War Bewahrung mit im Spiel? 85
9. Der Boykott 100
10. Wie ich in der Gegenwart Gottes leben lernte 113
11. Der Wind dreht sich 135
12. Zeit der Aussaat 144
13. Sturmwarnung 156
Nachwort der Autorin 174

Vorwort

Ein eigenartiges Buch!
Eine gebildete pakistanische Frau aus höchsten Kreisen des Landes schreibt über die Umstände ihrer Bekehrung und die sich daraus ergebende Nachfolge Christi. An der Seite ihres Mannes, der als Diplomat sein Land in England und Frankreich vertrat, hatte Bilquis Sheikh die westliche Welt kennengelernt. Auf verschiedenen Parties war sie zwar mit Christen zusammengekommen, hatte jedoch von ihnen niemals ein klares Zeugnis von Jesus Christus vernommen.
Nach ihrer Scheidung und Verstoßung war ihr Leben arm und einsam geworden. Sie zog sich auf das väterliche Anwesen in Wah zurück, einer kleinen Provinzstadt zu Füßen des Himalaya. Vergeblich suchte sie im Islam Geborgenheit und Gewißheit. Sie sah keinen Sinn in Allahs Vorherbestimmung, daß sie künftig als Verstoßene ein einsames Leben führen sollte. So begann sie aufrichtig nach der Wahrheit zu suchen und fand schließlich in Christus ein neues sinnerfülltes Leben.
Die Wege, die Bilquis Sheikh zum Glauben an Jesus Christus führten, erscheinen uns westlichen Christen eigenartig und fremd. Wir würden eher eine vernunftgemäße Überzeugung auf Grund einer theologischen Diskussion oder eines Dialogs erwarten.
Bilquis Sheikh dagegen hat als Mensch des Ostens seltsame Erscheinungen, Visionen und Träume, die sie zum Glauben an Jesus Christus führten. Dabei haben diese Erscheinungen einen seelsorgerlichen Charakter, die sie zu echten Entscheidungen auf Grund der Bibel führen und vor Fehlentscheidungen bewahren. Das Leben in ständiger Gemeinschaft mit dem lebendigen und gegenwärtigen Herrn Christus bleibt ihr immer die entscheidende Frage. Wo die Gegenwart Jesu sich

von ihr zurückzieht, da weiß Bilquis Sheikh, daß sie anders zu handeln hat.

Man wird dabei an gewisse biblische Geschichten erinnert, die auch von Visionen, Träumen und Hinderungen des Geistes sprechen. Man denke an die Führungen Abrahams, Jakobs, Josephs, an die Weisen aus dem Morgenland, die ersten christlichen Zeugen wie Petrus, Paulus und Philippus u. a., deren Visionen in unserer westlichen Theologie kaum Beachtung finden.

Und doch ist – biblisch gesehen – Glaube nicht nur eine Zustimmung und Einsicht zu einem Dogma, vielmehr eine Gewißheit der Nähe Gottes, ein Wagnis und Gehorsam in seinem Namen.

> „Glaube besteht darin, daß das gegenwärtige Leben durch Hoffnung auf Künftiges bestimmt ist, daß es sich dem unsichtbaren Wirken Gottes aussetzt und sich von ihm prägen läßt."

So übersetzt Jörg Zink den Anfang des 11. Kapitels des Hebräerbriefes. Die in dem Buch der Begum Bilquis gegebenen Berichte über Führungen sind alles andere als Träumereien oder Traumdeutungen im üblichen Sinne. Begum Bilquis wehrt sich gegen jede vom eigenen Ich bestimmte Deutung. Vielmehr beruft sie sich auf das Wort Gottes, das ihr den Sinn der Visionen erschließt und ihr Kraft und Wegleitung gibt. Ihr ist bewußt, daß es auch dämonische Einflüsterungen gibt, denen man in der Wachheit des Geistes Jesu begegnen müßte. Das Buch erweist sich als Aufruf, mit der biblischen Wahrheit ernst zu machen und in der Nachfolge Jesu den Glauben zu bezeugen, ohne dabei das Kreuz zu verleugnen.

Pfarrer W. Höpfner
Leiter des Orientdienstes e. V.

1. *Etwas macht mir angst*

Das seltsam beunruhigende Gefühl in mir wurde stärker, als ich langsam den Kiesweg in meinem Garten entlangschritt. Es dämmerte schon stark. Schwer hing der Duft der spätblühenden Narzissen in der Luft. Was machte mich nur so unruhig? Ich blieb stehen und sah mich um. In einiger Entfernung, jenseits des breiten Rasens, sah ich in meinem Hause die Lichter aufleuchten, welche die Dienstboten im Speisesaal anzündeten. Draußen erschien alles friedlich und still. Ich streckte die Hand aus, um ein paar der stacheligen weißen Blüten für mein Schlafzimmer zu pflücken. Als ich mich vorbeugte und nach den hohen Stengeln griff, fegte etwas an meinem Kopf vorbei.

Ich richtete mich erschrocken auf. Was war das? Etwas, das ich als etwas Kaltes, Unheimliches empfand, war wie ein Nebel an mir vorbeigestrichen. Der Garten erschien mir plötzlich düsterer. Ein kühler Wind hatte sich erhoben und bewegte die Zweige der Trauerweide. Ich erschauerte.

Nimm dich zusammen, Bilquis, schalt ich mich selbst. Deine Phantasie hält dich zum Narren. Trotzdem raffte ich meine Blumen zusammen und lief rasch auf das Haus zu, wo mir erleuchtete Fenster Wärme und Beruhigung versprachen. Die soliden weißen Steinmauern und Eichentüren boten Schutz. Während ich auf dem knirschenden Kiesweg entlangeilte, ertappte ich mich bei einem raschen Blick über die Schulter. Ich hatte früher immer gelacht, wenn jemand von übernatürlichen Dingen sprach. Natürlich war dahinten gar nichts gewesen – oder doch?

Als Antwort fühlte ich einen festen, sehr realen Schlag auf meiner rechten Hand. Es war unheimlich. Ich schrie auf, stürzte ins Haus und schlug die Tür hinter mir zu. Meine

Dienstboten eilten herbei und blickten mich entsetzt und stumm an, da ich wohl selbst wie ein Geist aussah. Erst als es Zeit zum Schlafengehen war, fand ich den Mut, mit meinen beiden Zimmermädchen über jenes kalte Etwas zu sprechen. „Glaubt Ihr an übernatürliche Dinge?" fragte ich, nachdem ich mein Erlebnis erzählt hatte. Weder Nur-jan, eine Moslemin, noch Raisham, eine Christin, beantworteten mir meine Frage. Nur-jan fragte nur zitternd, ob sie den Dorf-Mullah rufen solle; es handelte sich um einen Scheich der Moschee, der Weihwasser mitbringen und den Garten reinigen würde. Aber mein gesunder Menschenverstand war zurückgekehrt, und ich wehrte mich zutiefst gegen solch einen dummen Aberglauben. Außerdem wollte ich auf keinen Fall, daß das Dorf von der Sache erfuhr. Ich versuchte, über ihre Besorgnis zu lächeln und sagte hastig, ich wolle keinen Heiligen, der auf meinem Grundstück böse Geister auszutreiben vorgebe.
Und doch – als die Mädchen das Zimmer verließen – griff ich nach meinem Koran. Als ich ein wenig im heiligen Buch der Moslems geblättert hatte, wurde ich jedoch müde, steckte es in die blauseidene Hülle zurück und schlief ein.
Am nächsten Morgen erwachte ich langsam wie ein Schwimmender, der sich an die Wasseroberfläche kämpfen muß. Die hohe durchdringende Stimme des Muezzins drang in mein Bewußtsein:

„La illaha illallah
wa Mohammed rasulallah . . ."

Der Singsang drang durch das Filigrangitter meines Schlafzimmerfensters:

„Es gibt keinen Gott außer Allah,
und Mohammed ist Gesandter Allahs."

Für mich hatte dieser moslemische Gebetsruf einen beruhigenden Klang, weil er nach dem Schrecken des vergangenen Abends etwas Altvertrautes war. Es war ein Ruf, den ich fast ausnahmslos an jedem Morgen meiner sechsundvierzig Lebensjahre vernommen hatte. Ich versuchte, mir die Szene vorzustellen: Wenige Augenblicke zuvor hatte unser alter Muezzin in dem nahegelegenen kleinen pakistanischen Dorf Wah das uralte Minarett betreten. Ich sah ihn im kühlen Innern die Wendeltreppe emporsteigen, deren Stufen schon Generationen moslemischer Gebetsausrufer vor ihm mit ihren Sandalen glattgetreten hatten. Auf der obersten Stufe angekommen, mochte er wohl ein Weilchen atemlos vor der holzgeschnitzten Tür verweilen, die auf die Plattform hinausführte. Dann war er auf die Brüstung hinausgetreten, um die Gläubigen mit zurückgeneigtem Kopf laut mit den vierzehnhundert Jahre alten Worten zum Gebet zu rufen:

„Kommt zum Gebet, kommt zum Heil!
Gebet ist besser als Schlaf!"

Der durchdringende Ruf trieb über dem Frühnebel durch die gepflasterten Gassen von Wah, die noch kalt waren von der Oktobernacht, schwebte durch meinen Garten und drängte sich an den alten Steinmauern des Hauses entlang, die im Licht der aufgehenden Sonne jetzt rötlich leuchteten.

Während der Ruf langsam verklang, fiel mir mein unheimliches Erlebnis im Garten am Vorabend wieder ein. Schnell wandte ich mich meinen routinemäßigen Vormittagsbeschäftigungen zu, die mich schon deshalb beruhigen würden, weil sie so sehr Gewohnheit waren. Ich setzte mich auf und griff nach der goldenen Glocke auf dem Marmornachttisch. Auf ihr melodisches Geläut hin kam mein Mädchen Nur-jan atemlos wie immer hereingelaufen. Meine beiden Mädchen schliefen im Zimmer nebenan, und ich wußte, daß sie bereits seit einer Stunde auf waren und auf meinen Ruf warteten. Den Morgentee war ich gewohnt, im Bett einzunehmen. Nur-jan begann, meine silbernen Bürsten und Kämme zurechtzulegen. Sie war ein williges junges Mädchen, rundlich, leicht zum Lachen zu bringen, aber ein wenig unbeholfen. Fiel ihr eine Bürste aus der Hand, so hatte sie mit scharfem Schelten von mir zu rechnen. Raisham, mein zweites Mädchen, etwas älter und ruhiger, war eine hochgewachsene, anmutige Frau. Sie glitt eben lautlos mit einem großen Teetablett in mein Zimmer. Sie stellte es auf meinen Nachttisch, entfernte das weiße Tuch, das sie über das silberne Service gedeckt hatte, und goß mir eine Tasse dampfenden Tee ein. Während ich das heiße Getränk schlürfte, seufzte ich vor Wohlbehagen. Tee war besser als Gebet.

Meine Mutter wäre ob solcher Gedanken entsetzt gewesen. Wie oft hatte ich zugesehen, wie sie ihren Gebetsteppich auf dem Fliesenboden ihres Schlafzimmers ausbreitete, und dann, den Blick auf die heilige Stadt Mekka gerichtet, niederkniete und ihre Stirn im Gebet daraufpreßte. Während ich an meine Mutter dachte, blickte ich zu dem Frisierkästchen auf meinem Tisch hinüber. Vor vielen Jahren war es aus Sandelholz geschnitzt und mit silberner Einlegearbeit versehen worden. Vor meiner Mutter hatte es bereits meiner Großmutter gehört. Jetzt war es mein Erbstück, eine Kostbarkeit.

Nachdem ich zwei Tassen Tee getrunken hatte, beugte ich mich vor – das war für Raisham das Zeichen, mit dem Bürsten meiner langsam ergrauenden Haare zu beginnen, während Nur-jan sich sorgfältig an meinen Nägeln zu schaffen machte. Bei ihrer Arbeit schwatzten die beiden heiter und ungeniert über die neuesten Nachrichten aus dem Dorf; Nur-jan plapperte munter drauflos, während Raisham ruhig und besonnen ihre Meinung dazu äußerte. Sie sprachen von einem Jungen, der sein Zuhause verlassen hatte und in die Großstadt gezogen war, und von einem Mädchen, das bald Hochzeit feiern würde. Und dann redeten sie über einen grausamen Mord, der in dem nahegelegenen Wohnort von Raishams Tante passiert war. Ich spürte, wie Raisham bei dieser

Nachricht erschauerte, denn das Opfer war eine Christin gewesen. Es handelte sich um ein junges Mädchen, das im Hause eines christlichen Missionars gewohnt hatte. Irgend jemand war in einer der engen Gassen ihres Dorfes über ihren Leichnam gestolpert, und man sagte, es habe eine polizeiliche Untersuchung gegeben.

„Weißt du etwas von dem Mädchen?“ fragte ich beiläufig.

„Nein, Begum Sahib“, sagte Raisham ruhig, während sie sorgfältig ein Zierband in mein Haar zu flechten begann. Ich verstand sehr gut, warum Raisham, die ja selbst Christin war, nicht über den Mord sprechen wollte. Sie wußte ebensogut wie ich, wer jenes Mädchen umgebracht hatte. Schließlich hatte das Mädchen ihrem moslemischen Glauben abgeschworen und sich christlich taufen lassen. Ihr Bruder war ob der Schande, welche diese Sünde über seine Familie gebracht hatte, so außer sich geraten, daß er dem uralten Gesetz vom Abfall vom Islam gehorcht hatte: wer abtrünnig wurde, mußte getötet werden.

Auch wenn die moslemischen Verordnungen oft streng und hart klingen, werden sie häufig mit Barmherzigkeit und Milde ausgelegt. Aber es gibt immer Übereifrige, die das Gesetz des Korans wortwörtlich nehmen und bis zum Äußersten erfüllen.

Jeder wußte, wer das Mädchen getötet hatte. Aber nichts würde geschehen. Es war immer so gewesen. Vor einem Jahr war der christliche Diener eines Missionars mit durchschnittener Kehle in einem Graben aufgefunden worden; damals war ebenfalls nichts geschehen. Ich scheuchte die traurige Geschichte aus meinen Gedanken und machte mich zum Aufstehen fertig. Die Mädchen eilten zu den Kleiderschränken und brachten mir verschiedene seidene Saris zur Auswahl. Ich zeigte auf einen, der mit Edelsteinen besetzt war, und nachdem sie mir geholfen hatten, ihn anzulegen, zogen sie sich mit Verbeugungen devot aus meinem Zimmer zurück. Das Sonnenlicht flutete jetzt in mein Schlafzimmer und verlieh den weißen Wänden und elfenbeinernen Möbeln einen safranartigen Glanz. Das Sonnenlicht beschien eine goldgerahmte Fotografie auf meinem Toilettentisch; ich lief hinüber und nahm sie ärgerlich auf, weil ich das Bild doch am Tag vorher absichtlich umgedreht hatte. Eines der Mädchen mußte es wieder aufgestellt haben! Der wertvolle Rahmen umschloß das Bild eines weltklug dreinschauenden Paares, das mich vom Ecktisch eines Londoner Luxusrestaurants aus anlächelte. Wider meinen Willen sah ich erneut auf das Bild – wie jemand, der immer wieder auf seinen schmerzenden Zahn drückt. Der schneidige junge Mann mit dem dunklen Schnurrbart und den glühenden Augen war mein Ehemann gewesen, General Khalid Sheikh. Warum bewahrte ich dieses Bild bloß auf? Haß stieg in mir auf, als ich den Mann anblickte, ohne den zu leben mir einmal unmöglich erschienen war. Vor sechs Jahren, als das Foto entstanden war, hatte Khalid das Amt des pakistanischen Innenministers bekleidet.

Die bezaubernde Frau neben ihm war einmal ich gewesen. Meine Familie hatte seit siebenhundert Jahren dem Landadel dieser kühlen nordwestlichen Grenzprovinz angehört, die früher Teil des nördlichen Indiens gewesen war. Als Tochter dieser konservativen moslemischen Familie hatte ich Diplomaten und Geschäftsfreunde aus der ganzen Welt in meinem Hause zu Gast gehabt.

Aufenthalte in Paris und London, wo ich mir die Zeit mit Einkaufsbummeln in der Rue de la Paix oder bei Harrods vertrieb, waren mir längst zur Gewohnheit geworden. „Die grazile Frau, die mir aus dem Bild entgegenlächelte, gibt es nicht mehr“, dachte ich bei mir, als ich mich im Spiegel betrachtete. Die zarte, blasse Haut war dunkler geworden, das üppige schwarze Haar war jetzt mit grauen Strähnen durchzogen, und die Enttäuschung hatte tiefe Falten in mein Gesicht gegraben.

Die Welt jenes Fotos war zerbrochen, als Khalid mich vor fünf Jahren verlassen hatte. Die Scham des Verstoßenseins hatte mich dazu gebracht, das glanzvolle Leben in Paris, London und Rawalpindi aufzugeben, um hier im stillen Frieden unseres Familienbesitzes am Fuße des Himalaya Zuflucht zu suchen. Der Besitz umfaßte auch das kleine Bergdorf Wah, wo ich so viele frohe Kindheitstage verbracht hatte. Wah war von Gärten und Obstplantagen umgeben, welche mehrere Generationen meiner Familie angelegt hatten. Und der gewaltige Steinpalast mit seinen Türmen, Terrassen und riesigen, hallenden Sälen schien so alt wie die schneebedeckten Berge von Safed Koh, die im Westen gewaltig zum Himmel ragten. Meine Tante lebte jedoch ebenfalls in diesem Haus, und da ich mich noch mehr von der Außenwelt abschließen wollte, zog ich in ein kleineres Haus, das die Familie am Rande von Wah erbaut hatte. Es besaß oben ein paar Schlafräume und unten den Wohn- und Eßbereich, und da es wie ein Juwel in zwölf Morgen Gartenland eingebettet war, versprach es mir die Einsamkeit zu geben, nach der ich mich sehnte.

Es gab mir noch mehr. Als ich nämlich ankam, war der größte Teil des Gartens verwildert. Das wurde für mich zum Segen, denn ich vergrub so manchen Schmerz in der schwarzen Erde, als ich mich in die Restaurierungsarbeiten stürzte. Ich legte einen Teil der zwölf Morgen mit Hecken und Blumenbeeten als richtigen Garten an, den Rest ließ ich unberührt liegen. Langsam wurden diese Gärten mit ihren zahllosen plätschernden Brunnen meine Welt; inzwischen schrieb man das Jahr 1966, und ich hatte mir den Ruf einer Einsiedlerin erworben, die sich in ihr Haus und zu ihren Blumen zurückgezogen hatte.

Ich wandte den Blick von dem Foto mit dem goldenen Rahmen ab, legte es umgekehrt auf den Tisch zurück und ging zum

Fenster, das den Blick nach Wah hinüber freigab. Wah – schon der Name des Dorfes war ein Ausdruck der Freude. Vor mehreren hundert Jahren, als das Dorf nur aus wenigen Häusern bestand, reiste der sagenumwobene Mongolenkaiser Akbar durch diese Gegend. Seine Karawane machte neben einer Quelle halt, die jetzt zu meiner unmittelbaren Umgebung gehörte. Dankbar legte er sich unter einer Weide zur Ruhe und rief voll Freude aus: „Wah!“ So gab er dem Dorf seinen Namen.

Aber nicht einmal die Erinnerung an jene alte Geschichte vermochte mich von dem seltsamen Gefühl zu befreien, das mich seit dem Vorabend nicht mehr losließ. Wie ich so am Fenster stand, versuchte ich es zu verscheuchen. Es war wieder Morgen, sagte ich mir, ein neuer Tag mit vertrauten Routinearbeiten und wärmendem Sonnenschein. Die Episode vom Vorabend erschien wie ein realistischer, gleichzeitig aber böser Traum. Ich schob die weißen Gardinen beiseite, sog begierig die frische Morgenluft ein und horchte auf das Kehrgeräusch im Patio. Eine Rauchfahne, die von den morgendlichen Holzfeuern herrührte, zog zu mir herauf, und in der Ferne war das rhythmische Schlagen der Wassermühlenräder zu hören. Ich seufzte befriedigt. Das war Wah, das war meine Heimat, das war Geborgenheit. Es war der Ort, an dem der Prinz und adlige Landbesitzer Newab Mohammed Hayat Khan vor siebenhundert Jahren gelebt hatte. Wir waren seine direkten Nachkommen, und meine Familie kannte man in ganz Indien als „die Hayats aus Wah“. Schon vor Jahrhunderten pflegten die Karawanen der Kaiser die große Landstraße zu verlassen, um meinen Vorfahren einen Besuch abzustatten. Noch zu meiner Jugendzeit kamen bedeutende Leute aus ganz Europa und Asien auf jener gleichen Straße, einst eine alte Karawanenstraße quer durch Indien, um meine Familie zu besuchen. Heutzutage allerdings verirrten sich fast nur noch Familienangehörige an mein Haustor. Das bedeutete natürlich, daß ich nicht viele Menschen zu Gesicht bekam, außer denen, die unmittelbar zu meinem Haushalt gehörten. Es störte mich nicht weiter. Meine vierzehn Dienstboten leisteten mir genug Gesellschaft. Sie und ihre Vorfahren hatten meiner Familie schon seit vielen Generationen gedient. Und vor allem hatte ich ja Mahmud.

Mahmud war mein vierjähriger Enkel. Seine Mutter Tooni war die jüngste meiner drei Kinder – eine schlanke, attraktive Frau, die in der nahen Stadt Rawalpindi als Ärztin im „Hospital der Heiligen Familie" arbeitete. Ihr früherer Ehemann war ein bekannter Großgrundbesitzer. Die Ehe wurde jedoch nicht glücklich, vielmehr verschlechterten sich ihre gegenseitigen Beziehungen von Jahr zu Jahr. Während ihrer langen, bitteren Auseinandersetzungen schickte Tooni den kleinen Mahmud oft zu mir, und er blieb so lange, bis die Eltern wieder einen unbeständigen Waffenstillstand geschlossen hatten. Eines Tages kam Tooni mit ihrem Mann zu mir und fragte, ob ich den einjährigen Mahmud wohl eine Zeitlang behalten würde, bis sich ihre Meinungsverschiedenheiten geklärt hätten.

„Nein", sagte ich. „Ich möchte nicht, daß er ein Tennisball wird, den man ständig hin und her wirft. Aber ich will ihn gerne adoptieren und wie meinen Sohn aufziehen." Leider konnten Tooni und ihr Mann nicht miteinander ins reine kommen und ließen sich schließlich scheiden. Sie waren jedoch damit einverstanden, daß ich Mahmud adoptierte, und es klappte recht gut so. Tooni kam ihn oft besuchen, und wir drei wuchsen eng zusammen. Meine anderen beiden Kinder wohnten leider sehr weit entfernt.

Später an jenem Morgen strampelte Mahmud mit seinem Dreirad über die Ziegelterrasse, die von Mandelbäumen beschattet war. Er war nun seit über drei Jahren bei mir, und dieses engelhafte, lebensfrohe Kind mit den tiefbraunen

Augen und der Stupsnase war die einzige Freude meines Lebens. Sein glockenhelles Lachen schien das abgeschiedene Haus von Grund auf zu erheitern. Trotzdem machte ich mir Gedanken darüber, ob es ihm nicht schaden würde, mit solch einem niedergedrückten Menchen, wie ich es war, unter einem Dache zu leben. Ich versuchte, den Schaden gutzumachen, indem ich ihm jeden Wunsch von den Augen ablas und ihm – abgesehen von meinen eigenen elf Dienstboten – drei besondere Diener zuteilte, die ihn anzuziehen, seine Spielsachen hinauszutragen und sie hinterher wieder einzusammeln hatten.

Ich machte mir Sorgen wegen Mahmud. Seit mehreren Tagen verweigerte er die Nahrung. Das war besonders seltsam, denn der Junge stattete sonst bei jeder Gelegenheit der Küche einen Besuch ab und brachte meine Köche dazu, ihm Zuckerzeug und Leckerbissen zuzustecken. Ein paar Stunden zuvor war ich die Treppe hinunter und durch die Halle zur Terrasse hinausgegangen, um ihn mit einer liebevollen Umarmung zu begrüßen. Dann fragte ich die Dienerin, ob das Kind etwas gegessen hätte. „Nein, Begum Sahib, er will nicht", sagte das Mädchen leise. Als ich Mahmud zuredete, doch wenigstens eine Kleinigkeit zu sich zu nehmen, entgegnete er nur, er habe keinen Hunger.

Ich war ernsthaft verwirrt, als Nur-jan dann alleine zu mir trat und ängstlich andeutete, Mahmud könne unter den Einfluß böser Geister geraten sein. Erschrocken blickte ich sie an, denn der Vorfall im Garten kam mir erneut zum Bewußtsein. Was hatte all das nur zu bedeuten? Noch einmal bat ich Mahmud, doch etwas zu essen, aber ohne Erfolg. Er wollte nicht einmal etwas von der Schweizer Schokolade wissen, die ich extra für ihn hatte kommen lassen, weil er sie so gern mochte. Er blickte mich mit seinen klaren Augen an, als ich ihm die Tafel hinhielt, und sagte: „Ich würde sie ja gerne essen, Mum, aber wenn ich schlucke, tut es mir weh." Es lief mir kalt den Rücken hinunter, als ich auf meinen kleinen Enkel hinuntersah – sonst ein so lebhaftes Kind, und jetzt so apathisch!

Sofort rief ich Manzur, meinen Chauffeur, der ebenfalls Christ war, und befahl ihm, den Wagen zu holen. Eine Stunde später waren wir in Rawalpindi bei Mahmuds Kinderarzt. Er untersuchte den Jungen gründlich und meinte dann, er könne nichts finden.

Angst kroch in mir hoch, als wir zu unserem Anwesen zurückfuhren. Während ich meinen Enkel betrachtete, der so ungewöhnlich ruhig neben mir im Wagen saß, überlegte ich, ob Nur-jan wohl recht haben konnte. War da etwas, was jenseits der physischen Welt lag? War es eine übernatürliche Macht, die jetzt nach ihm griff? Ich legte meinen Arm um das Kind und lachte mich im stillen aus, weil ich solch dumme Gedanken hegte. Ich erinnerte mich, daß mein Vater mir einmal von einem legendären moslemischen Heiligen erzählt hatte, der Wunder vollbringen sollte. Ich hatte laut herausgelacht, als ich das hörte. Meinem Vater hatte das sehr mißfallen, aber so reagierte ich immer, wenn jemand Behauptungen dieser Art aufstellte. Und doch – als ich Mahmud jetzt eng an mich drückte, während wir von der großen Landstraße in unseren Zufahrtsweg einbogen – spielte ich unwillkürlich mit einem sehr unbequemen Gedanken: konnte Mahmuds Problem etwas mit jenem unheimlichen Erlebnis im Garten zu tun haben?

Als ich Nur-jan von meinen Befürchtungen erzählte, griff sie sich mit ihren hennagefärbten Fingerspitzen ängstlich an den Hals und flehte mich an, den Dorf-Mullah rufen zu lassen, damit er für Mahmud betete und den Garten mit geweihtem Wasser besprengte. Nur dieser könne Dämonen bannen. Ich wies ihre Bitte zuerst zurück. Obwohl ich an die moslemischen Grundregeln glaubte, hatte ich mich in den letzten

Jahren von den vielen Riten, den regelmäßigen Gebetszeiten, dem Fasten und den komplizierten Waschungs-Zeremonien entfernt. Meine Sorge um Mahmud überwand jedoch meine Zweifel, und ich sagte Nur-jan, sie könne den Scheich aus der Dorfmoschee rufen lassen.

Am folgenden Morgen saßen Mahmud und ich am Fenster und warteten ungeduldig auf den Mullah. Als ich ihn endlich in seinem dünnen, abgetragenen Mantel, den der kalte Herbstwind um ihn flattern ließ, die Verandastufen heraufsteigen sah, war mir seltsam zumute: es tat mir einerseits leid, daß ich ihn gerufen hatte, aber gleichzeitig ärgerte ich mich, daß er nicht rascher lief.

Nur-jan geleitete den knochigen alten Mann zu meinem Zimmer und zog sich dann zurück.

Mahmud beobachtete neugierig, wie er seinen Koran aufschlug.

Der Mullah, dessen braungegerbte Haut genau zu dem alten Ledereinband seines heiligen Buches paßte, blickte mir aus seinem durchfurchten Gesicht entgegen, legte seine knorrige, braune Hand auf Mahmuds Haupt und begann mit brüchiger Stimme den Qul (Sure 96) zu rezitieren. Mit diesem Gebet leitet jeder Moslem eine wichtige Handlung ein – gleich, ob er für einen Kranken betet oder eine neue Geschäftsverbindung abschließt. Dann begann der Mullah auf Arabisch aus dem Koran vorzulesen – der Koran wird immer auf Arabisch gelesen, da Übersetzungen des heiligen Textes bereits als Auslegungen angesehen werden. Außerdem hat der Engel Gabriel Mohammed die Wortoffenbarungen eigens in Arabisch eingegeben. Übersetzungen nähmen den Worten ihre göttliche Kraft. – Dem Mullah mußte meine wachsende Ungeduld wohl aufgefallen sein, denn er sagte, indem er mir das Buch entgegenhielt: „Sie sollten diese Verse auch lesen, Begum Sahib. Damit meinte er die 113. Sure (El Falak) und die

114. (El Nas), deren Verse gewöhnlich in besonderen Notsituationen rezitiert werden.

„Warum wiederholen Sie diese Verse nicht?"

„Nein", sagte ich, „das will ich nicht! Allah hat mich vergessen, und ich habe Allah vergessen." Als ich den verletzten Ausdruck im Gesicht des alten Mannes sah, tat es mir leid, denn immerhin war er auf meinen Befehl und um Mahmuds willen hergekommen. „Also gut", sagte ich, und nahm den abgegriffenen Band zur Hand. Ich schlug ihn irgendwo auf und las den erstbesten Vers, auf den mein Blick fiel:

> „Mohammed ist der Bote Gottes, und welche bei ihm sind, handeln streng gegenüber den Ungläubigen . . ."

Ich dachte an das ermordete christliche Mädchen und den eigenartigen Nebel, den ich kurz nach ihrer Ermordung in meinem Garten empfunden hatte, vor allem aber auch an Mahmuds geheimnisvolles Leiden. Konnte zwischen diesen Geschehnissen ein Zusammenhang bestehen? Gleich, um welche zornige, übernatürliche Macht es sich handeln mochte – sie würde mich und Mahmud doch nicht mit einer *Christin* in Verbindung bringen! Ich erschauerte bei dem Gedanken. Aber der Mullah schien befriedigt. Trotz meiner Zurückhaltung fand er sich an den drei darauffolgenden Tagen ein, um über Mahmud Koranverse zu rezitieren. Und dann – um die Reihe der geheimnisvollen, beunruhigenden Geschehnisse in meinem Hause vollzumachen – ging es Mahmud tatsächlich besser. Was sollte ich von all diesen Dingen halten? Ich würde es bald erfahren. Denn ohne mein Wissen waren Ereignisse in Bewegung gekommen, welche die Welt, die mir mein Leben lang vertraut gewesen war, völlig durcheinanderbringen sollte.

2. *Das fremde Buch*

Nach all diesen Erlebnissen fühlte ich mich zum Koran hingezogen. Vielleicht würde er mir so manches erklären und gleichzeitig die Leere in mir ausfüllen können. Bestimmt enthielten die fein gestochenen Schriftzeichen viel Weisheiten, die meiner Familie oft schon zur Hilfe geworden waren.
Ich hatte den Koran natürlich schon früher gelesen. Ich erinnerte mich noch genau, wie alt ich gewesen war, als ich angefangen hatte, für die Lektüre unseres heiligen Buches Arabisch zu lernen: ich war vier Jahre, vier Monate und vier Tage alt. Genau an diesem Tag beginnt nämlich für jedes moslemische Kind die Zeit des Arabischunterrichts. Das Ereignis war mit einem großen Familienfest gefeiert worden, an dem meine gesamte Verwandtschaft teilgenommen hatte. In einer besonderen Zeremonie begann die Frau unseres Dorfmullahs dann, mich in die Geheimnisse des arabischen Alphabets einzuweihen.
Besonders gut erinnere ich mich noch an meinen Onkel Fateh (wir Kinder nannten ihn Großonkel Fateh, obwohl er gar nicht mein richtiger Onkel war; in Pakistan werden alle älteren Verwandten mit Onkel oder Tante angeredet). Großonkel Fateh stand uns als Familienangehöriger am nächsten, und ich weiß noch genau, wie er mich während der Zeremonie beobachtete; sein feines Gesicht mit der gebogenen Nase strahlte vor Freude, als ich erneut die Geschichte jener schicksalhaften „Nacht der Bestimmung" („leilat el qadar") – im Jahre 610 – vernahm, in der der Engel Gabriel begann, Mohammed die Worte des Korans einzugeben. Ich brauchte sieben Jahre, um das heilige Buch zum ersten Mal durchzulesen, aber als ich es schließlich geschafft hatte, war das Anlaß zu einem weiteren Familienfest.

Früher hatte ich den Koran immer als Pflichtlektüre betrachtet. Diesmal empfand ich jedoch das Bedürfnis, mir die Verse genauer anzusehen. Ich nahm den Band, der schon meiner Mutter gehört hatte, zog mich damit auf mein weiches, bequemes Bett zurück und fing an zu lesen. Ich begann mit dem Eingangsvers, der ersten Botschaft, die dem jungen Mohammed eingegeben wurde, als er sich ganz allein in einer Höhle auf dem Berge Hira aufhielt:

> „Lies! Im Namen deines Herrn, der erschuf,
> Erschuf den Menschen aus geronnenem Blut.
> Lies, denn dein Herr ist allgütig,
> Der die Feder gelehrt,
> Gelehrt den Menschen, was er nicht gewußt." (Sure 96, 1–5)

Zuerst gab ich mich der Schönheit dieser Verse hin. Später aber fand ich Worte, die mir keineswegs tröstlich erschienen:

> „Wenn ihr euch von euren Frauen geschieden habt und wenn sie ihren Termin erreicht haben, dann haltet sie in Güte zurück oder trennet euch von ihnen in Güte." (Sure 65, 2)

Die Augen meines Mannes hatten mich angeblitzt wie schwarzer, harter Stahl, als er mir eröffnete, daß er mich nicht mehr liebte. Mein Inneres zog sich schmerzhaft zusammen, während er sprach. Was war mit all unseren gemeinsamen Jahren geschehen? Konnte man sie so einfach hinter sich lassen? War, wie der Koran sagte, „mein Termin erreicht"?

Am nächsten Morgen griff ich erneut zum Koran und hoffte, in den gewundenen Lettern diesmal den Zuspruch zu finden, den ich so dringend nötig hatte. Aber der Zuspruch blieb aus. Ich fand nur Richtlinien für das Leben und Warnrufe vor anderen Glaubensrichtungen. Da gab es Verse über den Propheten Jesus, dessen Botschaft jedoch von den Urchristen gefälscht worden war – so sagte der Koran. Jesus sei zwar von einer

Jungfrau geboren worden, sei aber nicht Gottes Sohn. „So sagt nicht *drei*", warnte der Koran vor der christlichen Auffassung von der Dreieinigkeit Gottes. „Enthaltet euch davon, denn es ist besser für euch. Gott ist nur ein Gott."
Nachdem ich mich mehrere Tage lang mit dem heiligen Buch beschäftigt hatte, legte ich es eines Nachmittags seufzend beiseite, erhob mich und ging in meinen Garten hinunter, wo ich inmitten der Natur und in alten Erinnerungen den Frieden zu finden hoffte. Selbst zu dieser Jahreszeit überwog noch das satte Grün, und hier und da leuchtete ein spätblühendes, farbenfrohes Steinkraut daraus hervor. Es war ein verhältnismäßig warmer Herbsttag, und Mahmud hüpfte nun auf den Pfaden entlang, die ich in meiner Kindheit so oft mit meinem Vater beschritten hatte. Ich hatte meinen Vater noch lebendig vor Augen, wie er neben mir herging, bekleidet mit seinem weißen Turban und dem makellosen britischen Anzug von Saville Row, wie es sich für einen Regierungsbeamten schickte. Er pflegte mich oft bei meinem vollen Namen zu nennen, Bilquis Sultana, weil er wußte, daß ich es gerne hörte. Bilquis war nämlich der Vorname der Königin von Saba, und Sultana bedeutete, wie jedermann wußte, soviel wie „Königliche Hoheit".
Wir führten viele gute Gespräche. In späteren Jahren sprachen wir gerne von unserem neuen Staat Pakistan. Er war so stolz darauf. „Die islamische Republik Pakistan wurde in erster Linie als Heimat für südasiatische Moslems geschaffen", sagte er. „Wir sind eines der größten Länder der Welt mit islamischem Gesetz", fügte er hinzu und machte mir klar, daß 96 Prozent unserer Bevölkerung moslemisch waren, während der Rest sich aus ein paar verstreuten Gruppen von Buddhisten, Christen und Hindus zusammensetzte.
Ich seufzte und blickte an meinen Bäumen vorbei zu den lavendelfarbenen Hügeln in der Ferne. Bei meinem Vater hatte

ich immer Trost gefunden. Als er älter wurde, war ich ihm eine Gefährtin, mit der er die rasch wechselnde politische Lage in unserem Lande besprechen konnte, und ich setzte ihm dann meine Ansichten darüber auseinander. Er war ein sehr liebenswürdiger Mann gewesen, der immer Verständnis für mich gehabt hatte. Sein Tod schmerzte mich noch immer. Ich dachte daran, wie ich auf dem moslemischen Friedhof von Brookwood bei London an seinem offenen Grab gestanden hatte. Er war wegen einer Operation nach London gereist, hatte sich dann aber nicht mehr erholt. Die moslemische Sitte verlangt es, daß ein Leichnam innerhalb von vierundzwanzig Stunden nach Eintritt des Todes beerdigt wird, und als ich auf dem Friedhof eintraf, sollte der Sarg gerade in die Erde versenkt werden. Ich konnte es nicht fassen, daß ich meinen Vater nie mehr wiedersehen würde. Sie hoben den Sargdeckel ein wenig an, damit ich noch einen letzten Blick auf ihn werfen konnte. Aber jene kalte, leblose Masse im Sarg war nicht mehr mein Vater. Wie betäubt stand ich da. Wo war er hingegangen? Als man den Sargdeckel wieder schloß, durchfuhr mich das schrille Quietschen der Schrauben wie ein körperlicher Schmerz.

Meine Mutter, mit der ich mich auch sehr gut verstanden hatte, starb sieben Jahre später und ließ mich allein zurück.

Hier in meinem Garten waren die Schatten inzwischen länger geworden, und wieder stand ich im Zwielicht der Abenddämmerung. Nein, der Trost, den ich in alten Erinnerungen gesucht hatte, blieb aus; statt dessen übermannte mich wieder der Schmerz. In der Ferne vernahm ich den vertrauten Ruf des Muezzins zum Abendgebet. Der langgezogene Ton seiner Stimme brachte mir meine Verlassenheit noch mehr zum Bewußtsein.

„Wo, oh Allah“, flüsterte ich im Rhythmus seiner Stimme, „wo ist der Trost, den du versprichst?“

Als ich an jenem Abend wieder in meinem Zimmer war, nahm ich den alten Koran meiner Mutter wieder zur Hand. Beim Lesen fiel mir auf, daß häufig auf jüdische und christliche Schriften Bezug genommen wurde, die zeitlich früher lagen. Vielleicht, überlegte ich, sollte ich mein Forschen in jenen älteren Büchern fortsetzen?
Aber das würde bedeuten, daß ich die Bibel lesen müßte. Wie sollte mir die Bibel weiterhelfen, wo sie doch – wie jeder Moslem wußte – von den Urchristen verfälscht worden war?
Aber der Gedanke, die Bibel zu lesen, ließ mich nicht mehr los. Was für einen Gottesbegriff hatte die Bibel? Was sagte sie tatsächlich über den Propheten Jesus aus? Vielleicht sollte ich sie doch lesen.
Aber da tauchte das nächste Problem auf: Wo sollte ich eine Bibel herbekommen? In keinem der Läden in unserer Gegend wurde sie verkauft.
Vielleicht besaß Raisham eine Bibel? Ich verwarf den Gedanken sogleich wieder, denn selbst wenn sie eine besaß, würde meine Bitte sie erschrecken. So mancher Pakistani war schon umgebracht worden, wenn er nur den Anschein erweckte, Moslems zum Christentum überreden zu wollen und damit zum Verräter am moslemischen Glauben zu werden. Ich dachte an meine übrigen christlichen Dienstboten. Meine Familie warnte mich immer davor, Christen als Diener einzustellen, da sie ja wegen ihres Mangels an Treue und Vertrauenswürdigkeit berüchtigt seien. Aber ich achtete nicht auf diese Warnungen; solange sie ihre Pflicht erfüllten, hatte ich nichts gegen sie. Zweifellos waren sie nicht besonders aufrichtig; als nämlich die christlichen Missionare nach Indien kamen, war es für sie ein leichtes, die Angehörigen der unteren Schichten zu bekehren. Die meisten waren Straßenkehrer, deren Kaste so niedrig war, daß ihnen nichts als das Reinigen der Straßen, Bürgersteige und Gossen übrigblieb. Wir Mos-

lems nannten diese unterwürfigen Geschöpfe „Reischristen", nahmen sie die falsche Religion doch nur deshalb an, weil sie dafür von den Missionaren Nahrung, Kleidung und Schulbildung erhielten.

Für die Bemühungen der Missionare hatten wir nur ein leises Lächeln übrig. Wie setzten sie sich für diese armseligen Kreaturen ein! Erst vor ein paar Monaten hatte mein christlicher Chauffeur Manzur mich gefragt, ob er einem Missionarsehepaar aus dem Dorf einmal meinen Garten zeigen dürfe – sie hätten ihn schon durch den Zaun bewundert.

„Natürlich", sagte ich gönnerhaft und lächelte im stillen über den armen Manzur, dem offensichtlich so viel daran gelegen war, diese Leute zu beeindrucken. Ein paar Tage später sah ich von meinem Wohnzimmerfenster aus zu, wie das junge amerikanische Paar durch den Garten streifte. Manzur hatte sie „Reverend David Mitchell und Frau" genannt. Beide hatten hellbraunes Haar, helle Augen und trugen die übliche westliche Kleidung. „Wie farblos!" dachte ich. Trotzdem ließ ich dem Gärtner ausrichten, er könne den Missionaren ein paar Samen geben, falls ihnen daran gelegen war.

Während ich an sie dachte, fiel mir ein, wie ich zu einer Bibel kommen könnte. Manzur sollte mir eine besorgen. Morgen würde ich ihm den Auftrag erteilen.

Ich ließ ihn also am nächsten Morgen auf mein Zimmer kommen. Dienstbeflissen stand er in seiner langen weißen Hose vor mir, und das nervöse Zucken in seinem Gesicht machte mich, wie immer, unruhig.

„Manzur, ich möchte, daß du mir eine Bibel verschaffst."

„Eine Bibel?" Seine Augen weiteten sich vor Erstaunen.

„Natürlich!" sagte ich und bemühte mich, nicht ungeduldig zu werden.

Da Manzur nicht lesen konnte, war ich sicher, daß er selbst keine Bibel besaß. Aber ich hatte das Gefühl, daß er mir eine beschaffen konnte. Als er etwas Unverständliches vor sich hin murmelte, wiederholte ich ruhig, aber fest: „Manzur, besorge mir eine Bibel!"

Er nickte, verbeugte sich und ging. Ich wußte, warum er sich meiner Bitte widersetzte. Manzur war aus demselben Holz geschnitzt wie Raisham, und sie dachten beide an das ermordete Mädchen. Einem Straßenfeger eine Bibel zu geben, war eines; einem Angehörigen der Oberschicht eine Bibel zu bringen, war etwas völlig anderes. Wenn sich das herumsprach, konnte er tatsächlich ernsthafte Schwierigkeiten bekommen.

Zwei Tage später fuhr Manzur mich nach Rawalpindi, wo ich Tooni besuchen wollte.

„Manzur, ich habe noch immer keine Bibel."

Ich konnte sehen, wie seine Fingerknöchel auf dem Lenkrad weiß wurden.

„Begum, ich werde Ihnen eine besorgen."

Drei Tage später rief ich ihn ins Haus. „Manzur, ich habe dich jetzt dreimal gebeten, mir eine Bibel zu beschaffen, und nichts ist geschehen." Das Zucken in seinem Gesicht wurde auffälliger. „Ich gebe dir noch einen Tag Zeit. Wenn ich bis morgen keine Bibel habe, kannst du gehen!"

Sein Gesicht wurde aschfahl. Er wußte, daß es mir ernst war. Er machte kehrt und ging, und seine Uniformstiefel, die er als Chauffeur trug, klapperten über die Steinterrasse.

Am nächsten Tag wollte Tooni mich besuchen. Kurz vor ihrer Ankunft fand ich auf dem Tischchen im Wohnzimmer eine kleine Bibel. Ich nahm sie in die Hand und untersuchte sie näher. Sie war in billiges, graues Leinen gebunden und in Urdu, der Landessprache Pakistans, abgefaßt, die auch in manchen Teilen Indiens gesprochen wird. Vor 180 Jahren war sie von einem Engländer übersetzt worden, und es fiel mir schwer, dem altmodischen Satzbau zu folgen. Manzur hatte sie offensichtlich von einem Freund erhalten; sie war fast neu. Ich blätterte die dünnen Seiten durch, legte das Buch zurück und dachte nicht mehr daran. Kurz darauf traf Tooni ein. Mahmud lief jubelnd neben ihr her, wußte er doch genau, daß seine Mutter ihm wieder ein Spielzeug mitbringen würde. Im nächsten Augenblick raste er durch die Schwingtür auf die Terrasse hinaus, sein neues Flugzeug an sich gepreßt, und ich machte es mir mit Tooni bei einer Tasse Tee bequem.

Da bemerkte Tooni die Bibel auf dem Tischchen neben mir. „Oh, eine Bibel!" sagte sie. „Schlag sie doch auf und sieh nach, was sie zu sagen hat." In den Augen unserer Familie kann jedes religiöse Buch bedeutungsvoll sein. Man vertrieb sich oft die Zeit damit, ein heiliges Buch aufzuschlagen, blind auf eine Stelle zu zeigen und dann zu lesen, was dort geschrieben stand – fast als erwarte man von dem Buch eine prophetische Aussage.

Gutgelaunt schlug ich die Bibel auf und blickte auf den Text. Dann geschah etwas Unerklärliches. Es war, als würde meine Aufmerksamkeit zu einem Vers auf der rechten unteren Seite hingelenkt. Ich beugte mich darüber und las:

> „Die Menschen, die nicht mein Volk waren, werde ich zu meinem Volk machen.
> Die Menschen, die ich nicht erwählt hatte, sollen meine Erwählten sein.
> An demselben Ort, wo ihnen gesagt wurde: „Ihr seid nicht mein Volk" werden sie zu Kindern des lebendigen Gottes erklärt." (Römer 9,25–26)

Ich hielt den Atem an und fühlte, wie ich erzitterte.

Warum traf mich dieser Vers so sehr? „Die Menschen, die ich nicht erwählt hatte, sollen meine Erwählten sein . . ."

Eine eigenartige Stille hing im Raum. Ich blickte auf und sah, daß Tooni noch immer gespannt darauf wartete zu hören, was ich wohl gefunden hatte. Aber ich vermochte ihr die Worte

nicht vorzulesen. Sie hatten mich zu tief getroffen, als daß ich sie als bloßen Zeitvertreib auffassen konnte.
„Na, Mutter, was war es?“ fragte Tooni, und ihre lebhaften Augen blickten mich neugierig an.
Ich klappte das Buch zu, murmelte eine unverständliche Erklärung und lenkte das Gespräch auf ein anderes Thema. Die Worte brannten jedoch wie glühende Kohlen in meinem Herzen. Sie sollten die außergewöhnlichsten Träume auslösen, die ich je in meinem Leben gehabt hatte.

3. *Die Träume*

Erst am folgenden Tag nahm ich die kleine graue Bibel wieder zur Hand. Weder Tooni noch ich hatten sie noch einmal erwähnt, nachdem ich das Gespräch auf ein anderes Thema gebracht hatte. Aber den ganzen langen Nachmittag über ließen diese Worte mich nicht wieder los. Sie taten gleichsam unter der Oberfläche meines Bewußtseins ihr stilles Werk weiter. Am frühen Abend des nächsten Tages zog ich mich in mein Zimmer zurück, wo ich ruhen und nachdenken wollte. Ich nahm die Bibel mit und machte es mir auf den weichen, weißen Kissen meines Diwans bequem. Wieder blätterte ich das Buch durch und stieß auf eine neue rätselhafte Stelle:

> „Das Volk Israel aber, das sich mit der Befolgung des Gesetzes abmühte, um vor Gottes Urteil zu bestehen, hat dieses Ziel nicht erreicht." (Römer 9,31)

Aha, dachte ich. Der Koran hat also recht – die Juden hatten das Ziel tatsächlich verfehlt. Der Verfasser dieser Stelle hätte ebensogut ein Moslem sein können, dachte ich, denn er sprach davon, daß das Volk Israel die Gerechtigkeit Gottes nicht erkannte. Die folgende Stelle jedoch raubte mir den Atem:

> „Denn seit Christus gekommen ist, ist das Gesetz nicht mehr der Weg zu Gott. Jetzt gilt: Gott nimmt alle an, die ihm vertrauen." (Römer 10,4)

Ich ließ das Buch einen Augenblick sinken. Christus? *Er* – der Weg zu Gott? Ich las weiter und stieß auf Römer 10,8–9:

> „Gottes Botschaft ist dir ganz nah; sie ist in deinem Mund und in deinem Herzen." Damit ist die Botschaft gemeint, die wir verkünden: Vor Gott gilt nur das Vertrauen auf Jesus Christus! Wenn ihr mit dem Mund bekennt: „Jesus ist der Herr", und mit dem Herzen darauf vertraut, daß Gott ihn vom Tod erweckt hat, werdet ihr gerettet."

Kopfschüttelnd legte ich das Buch wieder hin. Das widersprach dem Koran aber ganz entschieden. Die Moslems wußten doch, daß der Prophet Jesus nur ein Mensch war, der nicht am Kreuz starb, sondern von Gott in den Himmel erhoben wurde, während ein ähnlich Aussehender an seiner Stelle gekreuzigt wurde. Dieser Jesus, der sich vorerst noch in einem unteren Himmel aufhält, wird eines Tages für 40 weitere Jahre auf die Erde zurückkehren. Er wird heiraten, Kinder haben und schließlich sterben und begraben werden. Ich hatte sogar gehört, daß eine bestimmte Gruft in Medina, der Stadt, in der auch Mohammed begraben liegt, für Jesus nach dessen Tod bereitgehalten werden soll. Am Tag der Auferstehung, so sagt der Koran, wird Jesus erwachen und mit anderen Männern vor dem Richterstuhl des allmächtigen Gottes stehen. Aber diese Bibel behauptete nun, Christus sei bereits von den Toten auferstanden. War das eine Gotteslästerung?
Mir schwindelte. Ich wußte, daß jeder, der den Namen Allahs anrief, gerettet würde. Aber zu glauben, Jesus Christus sei Allah? Selbst Mohammed, der letzte und größte der göttlichen Boten, das Siegel der Propheten, war nur ein Sterblicher gewesen.
Ich legte mich auf die Kissen zurück und bedeckte die Augen mit meinen Händen. Wenn die Bibel und der Koran von demselben Gott sprechen, warum gibt es dann so viel Verwirrung und Widersprüchlichkeit? Wie konnte es sich um denselben Gott handeln, wenn der Gott des Korans ein Gott der Rache und Strafe ist, der Gott der Bibel aber ein Gott der Barmherzigkeit und Vergebung? Ich weiß nicht, wann ich schließlich einschlief. Normalerweise träume ich nie, aber in jener Nacht träumte ich. Der Traum war so lebendig, die Ereignisse in ihm so wirklich, daß es mir am nächsten Morgen schwerfiel zu glauben, alles sei reine Phantasie gewesen. Ich träumte folgendes:

Ich saß mit einem Mann, in welchem ich Jesus erkannte, beim Abendessen. Er hatte mich in meinem Hause besucht und blieb zwei Tage bei mir. Er saß mir am Tisch gegenüber, und in Friede und Freude aßen wir zusammen. Plötzlich wechselte das Traumbild. Jetzt stand ich mit einem anderen Mann zusammen auf einem Berg. Er war in ein loses Gewand gehüllt und trug Sandalen. Wie kam es, daß auch sein Name mir auf geheimnisvolle Weise gegenwärtig war? Johannes der Täufer. Welch seltsamer Name. Ich erzählte diesem Johannes von meiner Begegnung mit Jesus. „Der Herr kam und war zwei Tage lang mein Gast", sagte ich. „Aber jetzt ist er fort. Wo ist er? Ich muß ihn finden! Vielleicht kannst du, Johannes der Täufer, mich zu ihm führen?"

Das war der Traum. Als ich erwachte, rief ich laut diesen Namen: „Johannes der Täufer! Johannes der Täufer!" Nur-jan und Raisham eilten ins Zimmer. Sie schienen etwas verlegen ob meines Rufens und begannen umständlich mit der Vorbereitung meiner Toilette.

Ich versuchte, ihnen bei der Arbeit von meinem Traum zu erzählen.

„Oh, wie nett", kicherte Nur-jan, während sie mir das Tablett mit den Parfümen reichte. „Ja, es war ein gesegneter Traum", murmelte Raisham, während sie mein Haar bürstete. Ich war erstaunt, daß Raisham als Christin nicht mehr Begeisterung zeigte. Ich wollte sie über Johannes den Täufer ausfragen, tat es jedoch nicht; schließlich war Raisham nur ein einfaches Dorfmädchen. Aber wer war dieser Johannes der Täufer wirklich? In der Bibel war mir dieser Name bisher noch nicht begegnet.

In den nächsten drei Tagen las ich weiter die Bibel und den Koran abwechselnd. Ich ertappte mich immer wieder dabei, wie ich den Koran aus einem Pflichtgefühl heraus aufnahm und mich dann begierig wieder dem christlichen Buch zuwandte, das ich an immer neuen Stellen aufschlug, um in diese verwirrende Welt hineinzublicken, die ich eben erst entdeckt hatte. Jedesmal, wenn ich die Bibel aufschlug, überkam mich ein Schuldgefühl. Vielleicht rührte das von meiner strengen Erziehung her. Auch als ich schon eine junge Frau war, mußte mein Vater zu jedem Buch, das ich las, seine Zustimmung geben. Einmal schmuggelten mein Bruder und ich heimlich ein Buch in unser Zimmer. Obwohl es sich um ein ganz harmloses Werk handelte, hatten wir beim Lesen große Angst.

Als ich jetzt die Bibel aufschlug, ging es mir wieder genauso. Eine Geschichte fesselte mich ganz besonders. Sie erzählte davon, wie die jüdischen Anführer eine Frau zum Propheten Jesus brachten, die beim Ehebruch ertappt worden war. Ich schauderte, da ich ja wußte, welches Schicksal die Frau erwartete. Die Moralgesetze des antiken Orients waren den unsrigen in Pakistan sehr ähnlich. Der Ehebruch einer Frau mußte der jüdischen Tradition entsprechend bestraft werden. Als ich in der Bibel las, wie jene Frau vor ihren Anklägern stand, wußte ich, daß ihre eigenen Brüder, Onkel und Vettern in der ersten Reihe darauf warteten, sie zu steinigen.

Dann sagte der Prophet: „Wer unter euch ohne Sünde ist, der werfe den ersten Stein auf sie." (Johannes 8,7)

Es bewegte mich tief, als ich mir vorstellte, wie jene Männer sich davonschlichen. Anstatt ihren gesetzmäßigen Tod zu überwachen, hatte Jesus die Ankläger dieser Frau gezwungen, ihre eigene Schuld zu erkennen. Das Buch fiel mir in den Schoß, während ich tief in Gedanken versunken dalag. Die Herausforderung dieses Propheten hatte etwas so Logisches, so Gerechtes. Der Mann sprach die Wahrheit.

Dann hatte ich drei Tage später einen zweiten seltsamen Traum:

Ich war in meinem Schlafzimmer, als ein Dienstmädchen mir meldete, draußen warte ein Parfümhändler. Erfreut erhob ich mich von meinem Diwan, denn importiertes Parfüm war in Pakistan gerade knapp. Ich befürchtete, dieser von mir so sehr geschätzte Luxusartikel könne mir ausgehen. Und so bat ich das Mädchen im Traum, den Händler doch hereinzubitten. Er war gekleidet wie die Parfümhändler zu meiner Mutter Zeiten, die damals von Haus zu Haus zogen und ihre Ware anboten. Er trug einen schwarzen Gehrock und führte seine Ware in einem Handkoffer mit sich. Er öffnete den Koffer und entnahm ihm ein goldenes Gefäß. Nachdem er den Deckel abgenommen hatte, reichte er es mir. Als ich hineinblickte, stockte mir der Atem; das Parfüm glitzerte wie flüssiger Bergkristall. Ich wollte es eben mit dem Finger berühren, als er die Hand erhob. „Nein“, sagte er. Er nahm das Gefäß in die Hand, ging zu meinem Nachttisch und stellte es darauf. „Es wird sich über die ganze Welt verbreiten“, sagte er.

Als ich am Morgen erwachte, war mir der Traum noch sehr gegenwärtig. Die Sonne strömte durchs Fenster, und ich spürte den Duft jenes wunderbaren Parfüms noch immer; er erfüllte den ganzen Raum. Ich richtete mich auf und schaute auf meinen Nachttisch, wo ich das goldene Gefäß beinahe noch vermutete. An der Stelle, an der es gestanden hatte, lag jetzt die Bibel!

Ein Zittern überkam mich. Ich saß auf der Bettkante und grübelte über meine beiden Träume nach. Was bedeuteten sie? Ich, die schon seit Jahren nicht mehr geträumt hatte, erlebte jetzt kurz hintereinander zwei so lebendige Träume! Hatten sie etwas miteinander zu tun? Und hatten sie etwas mit meinen neuerlichen übernatürlichen Erlebnissen zu tun?

An jenem Nachmittag schlenderte ich, wie gewohnt, durch den Garten. Noch immer beschäftigten mich meine Träume. Aber jetzt kam noch etwas hinzu. Eine mir unerklärliche Freude und ein Friede erfüllten mich plötzlich, wie ich sie bislang noch nie empfunden hatte. Es war, als sei ich in Gottes

Nähe gerückt. Plötzlich, als ich aus einem Wäldchen auf eine sonnenüberflutete Lichtung trat, schien die Luft um mich her von einem neuen, lieblichen Duft erfüllt. Es war kein Blumenduft – für die Gartenblumen war es viel zu spät –, aber doch ein sehr wirklicher Duft.

Aufgeregt kehrte ich ins Haus zurück. Wo kam jener Duft her? Was geschah mit mir? Mit wem konnte ich über all diese Dinge sprechen? Es müßte jemand sein, der sich in der Bibel auskannte. Den Gedanken, meine christlichen Diener um Rat zu fragen, hatte ich bereits wieder verworfen. Es war auch undenkbar, von ihnen eine Auskunft zu verlangen. Sie hatten die Bibel wahrscheinlich noch nicht einmal gelesen und würden meine Probleme nicht verstehen. Nein, ich mußte mit jemandem sprechen, der gebildet war und dieses Buch kannte.

Als ich über diese Frage nachdachte, kam mir ein sehr beunruhigender Gedanke. Ich kämpfte dagegen an. Das wäre der letzte Ort, an dem ich Hilfe suchen würde. Aber ein bestimmter Name drängte sich mir so zwingend auf, daß ich schließlich nach Manzur klingelte.

„Ich möchte, daß du den Wagen herausholst." Und dann fügte ich hinzu: „Ich werde selber fahren."

Manzur riß die Augen auf: „Sie selbst?"

„Ja, ich selbst, wenn du nichts dagegen hast." Er zog zögernd ab. Selten war ich so spät am Abend noch ausgefahren. Im Zweiten Weltkrieg war ich bei der Frauendivision der Königlich-Indischen Armee Offizier gewesen und hatte Kranken- und Stabswagen über Tausende von Meilen hinweg gefahren. Aber das waren Kriegszeiten, und selbst damals war ich immer in Begleitung gewesen. Für eine Tochter aus dem Nawab-Adel schickte es sich nicht, ihren Wagen zu normalen Zeiten selbst zu lenken, schon gar nicht bei Nacht.

Aber ich wußte, ich konnte es nicht riskieren, daß Manzur von meinem Vorhaben erfuhr und mit der übrigen Dienerschaft

darüber tratschte. Ich war davon überzeugt, daß es nur *eine* Quelle gab, die mir meine Frage nach Johannes dem Täufer und jenem geheimnisvollen Duft beantworten konnte.
Nur sehr widerwillig machte ich mich an jenem Abend auf den Weg zu einem mir kaum bekannten Ehepaar – Rev. David Mitchell und seiner Frau, die im Sommer meinen Garten besucht hatten. Da sie christliche Missionare waren, wollte ich auf keinen Fall bei ihnen gesehen werden.

4. Die Begegnung

Mein schwarzer Mercedes wartete in der Einfahrt. Manzur stand neben der Fahrertür, die er bis zum letzten Augenblick geschlossen hielt, um das Wageninnere vor der Kälte des Herbstabends zu schützen. Seine dunklen Augen stellten meinen Entschluß noch immer in Frage, aber er sagte nichts. Ich stieg in das warme Auto, ließ mich hinter dem Steuer nieder und fuhr in die Dämmerung hinein, die Bibel auf dem Sitz neben mir.

In diesem Dorfe Wah wußte jeder, wo der andere wohnte. Das Haus der Mitchells lag nahe der Einfahrt zu den Zementwerken von Wah, aus denen meine Familie einen Teil ihres Einkommens bezog. Es lag in einer eigenartigen kleinen Siedlung, etwa fünf Meilen außerhalb des Dorfes. Die Häuser waren einst als provisorische Unterkünfte für britische Truppen während des Zweiten Weltkrieges gebaut worden. Ich wußte noch von den wenigen Malen, die ich in diese Gegend gekommen war, daß die farblosen, eintönigen Häuser ihren weißen Anstrich fast verloren hatten; die Blechdächer waren an vielen Stellen ausgebessert worden. Mit einem seltsam gemischten Gefühl von Erwartung und Furcht fuhr ich weiter. Noch nie war ich im Hause eines christlichen Missionars gewesen. Ich hoffte, Näheres über die rätselhafte Gestalt Johannes des Täufers zu erfahren, fürchtete aber gleichzeitig eine gewisse Einflußnahme derer, die meine Frage beantworten würden.

Was hätten wohl meine Vorfahren über meinen Besuch bei einem christlichen Missionar gedacht? Zum Beispiel mein Urgroßvater, der den berühmten britischen General Nicholson in einem der afghanischen Kriege über den Khyber-Paß begleitet hatte. Welche Schande würde dieser Besuch über meine Familie bringen! Wir hatten die Missionare immer mit den Armen und Ausgestoßenen in Verbindung gebracht. Ich führte im Geiste ein Gespräch mit einem Onkel oder einer Tante und verteidigte mich, indem ich ihnen von meinen seltsamen Träumen erzählte. „Schließlich“, sagte ich mir zu meiner eigenen Beruhigung, „jeder würde an deiner Stelle alles daransetzen, um die Bedeutung solch eindrücklicher Träume herauszufinden.“

Als ich mich in der Abenddämmerung der Wohnung der Mitchells näherte, erwies sich meine Erinnerung als völlig richtig, nur daß die sogenannten Bungalows jetzt noch schäbiger aussahen. Nachdem ich suchend viele enge Gassen durchfahren hatte, fand ich das Haus der Mitchells schließlich nahe den Zementwerken, wie ich es mir vorgestellt hatte – ein kleiner, weiß gestrichener Bungalow, der inmitten eines Maulbeerhaines lag. Vorsichtshalber wollte ich den Wagen in einiger Entfernung parken, überlegte es mir jedoch anders. Ich hatte viel zu viel Angst vor meiner Familie. Ich parkte also direkt vor dem Eingang, ergriff die Bibel und lief rasch auf die Haustür zu. Der Vorgarten war gepflegt, wie ich sah, und die überdachte Veranda machte einen ordentlichen und sauberen Eindruck. Jedenfalls schienen diese Missionare ihr Haus in Ordnung zu halten.

Plötzlich ging die Haustür auf, und eine Gruppe von schwatzenden Dorffrauen strömte heraus. Sie trugen alle den typischen *Shalwar Qamiz*, ein loses, schlafanzugähnliches Baumwollgewand, mit der *Dupatta*, einem Schal. Ich schreckte zusammen. Sie würden mich natürlich erkennen; fast jeder in Wah kannte mich. Jetzt würde die Neuigkeit schnell von Mund zu Mund gehen, daß die Begum Sheikh christliche Missionare besucht hatte.

Und wirklich, sobald die Frauen mich in dem Lichtschein, der aus der geöffneten Haustür der Mitchells drang, erblickten, brach ihr Redeschwall ab. Sie eilten an mir vorbei zur Straße, und jede legte in traditionellem Gruß die Hand an die Stirn. Ich konnte nicht anders als zur Tür weitergehen, wo Mrs. Mitchell stand und in die Dunkelheit hinausstarrte. Aus der Nähe sah sie genauso aus, wie ich sie in Erinnerung hatte: jung, blaß, fast zerbrechlich. Nur trug sie jetzt, gleich den Dorffrauen, einen *Shalwar Qamiz*. Als sie mich erblickte, erstarrte sie vor Staunen. „Nanu . . . nanu, Begum Sheikh!" rief sie. „Was . . . aber so kommen Sie doch herein."

Ich war froh, daß ich eintreten und mich so den neugierigen Blicken der Dorffrauen entziehen konnte, die ich in meinem Rücken spürte. Wir gingen ins Wohnzimmer, das klein und einfach möbliert war. Mrs. Mitchell zog den offensichtlich bequemsten Stuhl für mich ans offene Feuer. Sie selbst setzte sich nicht, sondern stand da und spielte nervös mit den Händen. Ich blickte auf die Stühle, die in der Mitte des Raumes im Kreis aufgestellt waren. Mrs. Mitchell erklärte, daß sie eben mit einigen Frauen des Dorfes in der Bibel gelesen habe. Dann räusperte sie sich verlegen und meinte: „Darf ich Ihnen vielleicht einen Tee anbieten?"

„Nein, danke", antwortete ich. „Ich wollte Sie etwas fragen." Ich blickte mich suchend um. „Ist der Reverend Mitchell da?"

„Nein. Er ist auf einer Reise nach Afghanistan."

Das tat mir leid. Die Frau vor mir war noch so jung! Würde sie meine Fragen beantworten können?

„Mrs. Mitchell", sagte ich zaghaft, „wissen Sie etwas über Gott?"

Sie ließ sich auf einen der Holzstühle fallen und sah mich fragend an. Das einzig vernehmbare Geräusch war das Prasseln des Kaminfeuers.

Dann sagte sie ruhig: „Ich fürchte, ich weiß nicht allzuviel *über* Gott, aber ich kenne *Ihn selbst*."

Was für eine außerordentliche Aussage! Wie konnte ein Mensch von sich behaupten, Gott zu kennen! Mir selbst unverständlich, flößte die große Gewißheit dieser Frau auch mir Vertrauen ein. Noch ehe ich recht wußte, was geschah, war ich schon mitten im Erzählen – ich berichtete über meinen Traum von dem Propheten Jesus und dem Mann namens Johannes der Täufer. Seltsamerweise fiel es mir schwer, meine Stimme zu beherrschen, während ich von diesem Erlebnis erzählte. Beim Sprechen empfand ich dieselbe Erregung, die ich auf jenem Berg schon gespürt hatte. Nachdem ich den Traum genau beschrieben hatte, lehnte ich mich gespannt vor.
„Mrs. Mitchell", sagte ich, „von Jesus habe ich schon gehört; wer aber ist Johannes der Täufer?"
Mrs. Mitchell blinzelte mich an und zog die Stirn in Falten. Ich glaubte schon, sie wollte fragen, ob ich wirklich noch nie von Johannes dem Täufer gehört hatte, aber sie setzte sich wieder auf ihrem Stuhl zurecht. „Nun, Begum Sheikh, Johannes der Täufer war ein Prophet, ein Vorläufer von Jesus Christus, der ausgesendet wurde, um Buße zu predigen und Ihm den Weg zu bereiten. Er war es, der auf Jesus zeigte und sagte: ‚Siehe, das ist das Lamm Gottes, welches der Welt Sünde trägt.' Er hat Jesus getauft."
Warum traf mich das Wort „getauft" wie ein Schlag? Ich wußte wenig von diesen Christen, aber alle Moslems hatten schon von ihrer seltsamen Taufzeremonie gehört. Meine Gedanken flogen zu den vielen Menschen, die nach ihrer Taufe ermordet worden waren. Und das geschah auch unter britischer Herrschaft, wo eigentlich Religionsfreiheit herrschte. Trotzdem wußte ich seit meiner Kindheit, daß jeder Moslem, der getauft wurde, mit dem Tod zu rechnen hatte.
„Begum Sheikh?"
Ich sah auf. Wie lange mochten wir schon schweigend dagesessen haben? „Mrs. Mitchell", sagte ich gepreßt, „ver-

gessen Sie, daß Sie eine Moslemin vor sich haben. Erklären Sie mir nur das eine: Was haben Sie gemeint, als Sie vorhin behaupteten, Gott zu kennen?"
„Ich kenne *Jesus*", sagte Mrs. Mitchell, und damit glaubte sie meine Frage offenbar beantwortet zu haben.
Dann erklärte sie mir, was Gott für sie und die Welt getan hatte, als er die tiefe Kluft zwischen dem sündigen Menschen und sich selbst überbrückte. Gott selbst kam in menschlicher Gestalt, in Jesus Christus, auf die Erde, um für uns alle am Kreuz zu sterben.
Im Zimmer war es wieder still. Ich konnte die Lastwagen auf der nahen Fernstraße vorüberbrausen hören. Mrs. Mitchell schien es nicht eilig zu haben. Schließlich traute ich meinen eigenen Ohren nicht, als ich mich ganz deutlich sagen hörte: „Mrs. Mitchell, in letzter Zeit sind in meinem Hause seltsame Dinge geschehen. Übernatürliche Dinge. Sowohl gute als auch böse. Ich habe das Gefühl, mich mitten in einem gewaltigen Tauziehen zu befinden, und ich benötige jede nur denkbare Hilfe. Würden Sie bitte für mich beten?"
Die Frau schien über meine Bitte überrascht, fing sich aber dann und fragte, ob ich beim Beten stehen, knien oder sitzen bleiben wollte. Plötzlich war ich mir der Ungeheuerlichkeit meiner Bitte bewußt. Was tat ich nur? – Doch bevor ich recht überlegen konnte, fand ich mich schon neben der jungen Frau auf dem Boden knien.
„O Geist Gottes", sagte Mrs. Mitchell mit sanfter Stimme, „ich weiß, daß ich Begum Sheikh mit meinen eigenen Worten nicht überzeugen kann, wer Jesus ist. Aber ich danke Dir, daß Du den Schleier von unseren Augen nehmen willst und uns Jesus offenbarst. Oh, Heiliger Geist, laß dies an Begum Sheikh geschehen. Amen."
Wir blieben noch lange Zeit auf den Knien. Ich war für diese Stille dankbar, denn mir war warm und froh zumute.

Schließlich erhoben wir uns. „Ist das eine Bibel, Madame Sheikh?“ fragte sie, indem sie auf den kleinen grauen Band wies, den ich mit einer Hand an die Brust drückte. Ich zeigte ihr das Buch. „Wie finden Sie es?“ fragte sie. „Leicht zu verstehen?“
„Eigentlich nicht“, sagte ich. „Es handelt sich um eine alte Übersetzung, in der ich mich nur schwer zurechtfinde.“
Sie ging ins Nebenzimmer und kam mit einem anderen Buch zurück.
„Hier ist ein Neues Testament in modernem Englisch“, sagte sie. „Es ist die Übersetzung von Phillips. Ich finde, sie ist viel leichter verständlich als andere. Möchten Sie sie haben?“
„Ja, gern“, sagte ich ohne zu zögern.
„Beginnen Sie mit dem Johannes-Evangelium“, riet Mrs. Mitchell, und sie schlug das Buch auf und legte ein Stück Papier als Lesezeichen hinein. „Es ist ein anderer Johannes, aber er macht die Rolle von Johannes dem Täufer sehr deutlich.“
„Danke“, sagte ich gerührt. „Jetzt habe ich Sie aber lange genug aufgehalten.“
Als ich mich zum Gehen anschickte, sagte Mrs. Mitchell: „Wissen Sie, es ist so interessant, daß ein Traum Sie hierhergeführt hat. Gott spricht zu seinen Kindern oft durch Träume und Visionen.“
Als sie mir in den Mantel half, überlegte ich, ob ich ihr auch von meinem anderen Traum erzählen sollte – mit dem Parfümhändler. Er kam mir so . . . so widersinnig vor. Aber wie es schon wiederholt an jenem seltsamen Abend geschehen war, fühlte ich eine Kühnheit in mir, die nicht aus mir selbst zu kommen schien. „Mrs. Mitchell, können Sie mir sagen, ob es eine Beziehung gibt zwischen Parfüm und Jesus?“
Die Hand schon auf der Türklinke, dachte sie einen Augenblick nach. „Nein“, sagte sie dann. „Ich wüßte nicht, aber ich will darüber beten.“

Als ich nach Hause fuhr, empfand ich zum zweiten Mal an diesem Tag jenen eigenartigen Wohlgeruch, der mich morgens im Garten schon einmal beglückt hatte.
Froh begann ich an jenem Abend mit der Lektüre des Johannes-Evangeliums. Der Schreiber erzählte von Johannes dem Täufer, jenem seltsamen Mann, der in Kamelfelle gehüllt aus der Wildnis kam und die Menschen aufrief, sich auf das Kommen des Herrn vorzubereiten. Und dann, wie ich so geborgen in meinem Zimmer auf dem Diwan saß, umgeben von Erinnerungen und Traditionen, die sieben Jahrhunderte alt waren, schlich sich hinterrücks ein Gedanke bei mir ein – ungebeten, unerwünscht, rasch wieder verworfen. Wenn Johannes der Täufer ein Zeichen Gottes war, ein Wegweiser, der auf Jesus zeigte, wies dieser Mann *mich* dann ebenfalls auf Jesus?
Dieser Gedanke war natürlich unhaltbar. Ich schob ihn beiseite und schlief ein.
In dieser Nacht schlief ich tief und fest.
Als der Muezzin mich am nächsten Morgen zum Gebet rief, stellte ich mit Erleichterung fest, daß ich die Dinge wieder klar zu sehen begann. Mit welch abwegigen Gedanken hatte ich in der Nacht bloß gespielt! Als mich der Muezzin jetzt daran erinnerte, wo die Wahrheit lag, fühlte ich mich wieder sicher, fern von diesen beunruhigenden christlichen Einflüssen.
In diesem Augenblick trat Raisham ein. Sie brachte nicht den Tee, sondern ein Brieflein, das, wie sie meldete, soeben für mich abgegeben worden war. Die Botschaft kam von Mrs. Mitchell und enthielt nur einen Satz: „Lesen Sie 2. Korinther 2, Vers 14."
Ich griff nach der Bibel, die sie mir mitgegeben hatte, und suchte so lange, bis ich die Stelle gefunden hatte. Während ich las, hielt ich den Atem an:

„Aber Gott sei gedankt, der uns allezeit Sieg gibt in Christus und offenbart durch uns den Wohlgeruch seiner Erkenntnis an allen Orten."

Ich saß aufrecht im Bett und las die Stelle noch einmal. Meine Gedanken, die ich mir vor wenigen Minuten noch zurechtgelegt hatte, waren im Nu verflogen. Die Erkenntnis Jesu offenbarte sich wie ein Wohlgeruch! In meinem Traum hatte der Händler das goldene Parfümgefäß auf meinen Nachttisch gestellt und gesagt, sein Wohlgeruch werde sich über die ganze Welt verbreiten. Am nächsten Morgen hatte ich an der Stelle, wo das Parfüm gestanden hatte, meine Bibel vorgefunden! Es gab keinen Zweifel mehr!

Ich wollte nicht mehr darüber nachdenken. „Das beste wird sein, nach dem Tee zu schellen", dachte ich mir. „Laß dir den Tee bringen, damit das Leben wieder seinen geregelten Gang geht."

Obwohl Mrs. Mitchell mich eingeladen hatte, sie wieder zu besuchen, hielt ich es für klüger, vorerst nicht hinzugehen. Es war sicher logisch und verständlich, daß ich diese Bibel nun erst einmal allein erforschen wollte. Ich wollte durch keinen äußeren Einfluß gedrängt werden. Eines Nachmittags jedoch eilte Nur-jan mit einem seltsamen Ausdruck in ihren Augen in mein Zimmer. „Reverend Mitchell und seine Frau wollen Sie sprechen, Begum Sahib", brachte sie mühsam hervor. Ich fuhr erschrocken zusammen. „Was mögen sie nur von mir wollen?" fragte ich mich. Doch dann gewann ich rasch meine Fassung zurück und bat das Mädchen, sie doch in das Empfangszimmer zu führen.

David Mitchell, ein hochgewachsener junger Mann mit aschblondem Haar und fröhlichen Lachfalten um die Augen, strahlte die gleiche freundliche Wärme aus wie seine Frau. Die beiden schienen sich über das Wiedersehen so sehr zu freuen, daß ich mein Unbehagen über den Besuch vergaß.

Mrs. Mitchell schickte sich an, mich mit einem Handschlag zu begrüßen; sie besann sich jedoch und schlang plötzlich die Arme um mich. Ich war verblüfft. Niemand außer der Familie, nicht einmal unsere engsten Freunde, hatte mich je auf diese Weise umarmt. Ich wagte mich nicht zu rühren, aber Mrs. Mitchell schien das gar nicht zu kümmern. Erst nachträglich wurde mir bewußt, daß diese Herzlichkeit mir eigentlich gefallen hatte. Sie konnte einfach nicht geheuchelt sein!

„Ich freue mich so, unsere ‚Blumendame' kennenzulernen!" rief David in seinem breiten Amerikanisch aus.

Ich blickte Mrs. Mitchell fragend an, und sie lachte. „Ich bin Ihnen eine Erklärung schuldig. Als Sie uns damals besuchen kamen, wollte ich das David gleich telegrafisch mitteilen, denn wir hatten seit unserem Besuch in Ihrem Garten im letzten Frühling oft von Ihnen gesprochen. Ich wollte aber Ihren richtigen Namen aus Sicherheitsgründen nicht nennen. Als ich mir überlegte, wie ich in meinem Telegramm auf Sie Bezug nehmen könnte, fiel mein Blick auf die *Blumen*, die aus den Samen von Ihrem Garten gewachsen waren. Da schrieb ich ‚Blumendame', und seither ist das unser Kodename für Sie."

Ich lachte: „Na, von nun an können Sie mich Bilquis nennen." – „Und ich bin Synnove", sagte sie.

Es war ein seltsamer Besuch. Wahrscheinlich erwartete ich von den Mitchells ein gewisses Drängen, ihre Religion anzunehmen, aber nichts dergleichen geschah. Wir tranken eine Tasse Tee und plauderten zwanglos miteinander. Ich warf die Frage auf, warum Jesus der „Sohn Gottes" genannt wurde, denn für die Moslems gibt es keine größere Sünde als diese Behauptung. Der Koran betont immer wieder, daß Gott keine Kinder habe.

„Und diese Dreieinigkeit?" fragte ich. „Gott ist drei?"

Als Antwort verglich David Gott mit der Sonne, die sich in den drei schöpferischen Energien der Wärme, des Lichts und der

Strahlung offenbart – eine Wechselbeziehung von drei Faktoren, welche gemeinsam die Sonne ausmachen, einzeln jedoch nicht die Sonne sind.

Und dann gingen sie.

Wieder war ich mehrere Tage lang mit den beiden Büchern allein – dem Koran und der Bibel. Ich fuhr fort, sie beide zu lesen; den Koran studierte ich aus lebenslanger Treue, in die Bibel vertiefte ich mich mit einem seltsamen inneren Hunger. Manchmal jedoch schreckte ich davor zurück, die Bibel in die Hand zu nehmen. Ich wußte, Gott konnte nicht in beiden Büchern zugleich zu finden sein, weil ihre Aussagen so verschieden waren. Aber wenn meine Hand zögerte, das Buch von Mrs. Mitchell aufzunehmen, empfand ich sofort eine eigenartige Bedrückung. Die vergangene Woche über hatte ich in einer Welt der Schönheit gelebt, nicht einer Welt, wie ich sie in meinem Garten durch Saat und Pflege selbst bewirken konnte. Nein, es hatte sich mir gleichsam ein innerer Garten erschlossen, der seinen Ursprung in einem neuen geistlichen Bewußtsein hatte. Zuerst fand ich durch meine beiden Träume Zugang in diese wunderbare Welt, ein zweites Mal wurde sie mir in jener Nacht bewußt, als ich in meinem Garten die unbeschreibliche Gegenwart Gottes verspürte; und ich hatte sie erneut erlebt, als ich meinem inneren Drang folgte und die Mitchells besuchte.

Langsam, aber deutlich lernte ich in den nächsten Tagen verstehen, daß ich die Möglichkeit hatte, in meine Welt der Schönheit zurückzukehren. Und die Lektüre dieses christlichen Buches schien aus mir unverständlichen Gründen der Schlüssel zu jener Welt zu sein.

Und dann kam der kleine Mahmud eines Tages zu mir herauf und hielt sich jammernd die Wange. „Mein Ohr, Mum, weinte er, „es tut so weh!“

Ich beugte mich zu ihm herab und untersuchte ihn sorgfältig.

Sein sonst so braunes Gesicht war fahl, und obwohl Mahmud ein tapferer Junge war, sah ich Tränenspuren auf seinen runden Wangen.
Ich brachte ihn sogleich zu Bett und sang ihm leise etwas vor. Sein schwarzes Haar stand in starkem Kontrast zum weißen Kopfkissen. Als er eingeschlafen war, ging ich zum Telefon und rief das Holy-Family-Hospital in Rawalpindi an. Tooni war sofort am Apparat. Sie meinte, wir sollten Mahmud am nächsten Nachmittag ins Krankenhaus bringen, damit er am folgenden Tag gründlich untersucht werden konnte. Ich würde im angrenzenden Zimmer unterkommen, und im Nebenraum sollte ein Dienstmädchen schlafen.
Gegen Abend zogen wir alle in die behaglichen Zimmer ein. Tooni hatte den Abend frei und konnte ihn mit uns verbringen. Bald saßen Mutter und Sohn über ein Bilderbuch gebeugt, das Mahmud gleich mit großem Eifer auszumalen begann. Ich befand mich währenddessen im Bett – ein Kissen im Rücken – und las meine Bibel. Ich hatte auch den Koran mitgebracht, aber inzwischen war ich soweit, daß ich den Koran nur noch aus Pflichtgefühl und nicht mehr aus Interesse las.
Plötzlich flackerten die Lampen im Zimmer, dann gingen sie aus. Der Raum lag im Dunkeln.
„Schon wieder ein Stromausfall", stöhnte ich. „Habt Ihr irgendwo Kerzen gesehen?"
Kurz darauf kam eine Nonne mit einer Taschenlampe herein. „Ich hoffe, die Dunkelheit stört Sie nicht allzusehr", sagte sie fröhlich. „Wir besorgen sofort ein paar Kerzen." Sie trug eine Brille, und ich erkannte in ihr Frau Dr. Pia Santiago, eine zierliche philippinische Nonne, die für das ganze Krankenhaus verantwortlich war. Wir waren uns bei einem früheren Besuch schon einmal begegnet. Kurz darauf trat eine andere Nonne mit einem Kerzenleuchter ein. Sogleich war der Raum von warmem Licht erfüllt. Mahmud und Tooni wandten sich

wieder ihrem Buch zu und überließen mich der Ordensschwester. Es fiel mir sofort auf, daß Frau Dr. Santiago erstaunt auf meine Bibel blickte.

„Macht es Ihnen etwas aus, wenn ich mich einen Augenblick zu Ihnen setze?“ fragte sie.

„Aber ganz im Gegenteil“, sagte ich und nahm an, daß es sich lediglich um einen Höflichkeitsbesuch handelte. Sie zog sich einen Stuhl heran, und ihr weißes Gewand rauschte, während sie sich niederließ.

„Ach“, sagte sie, nahm die Brille ab und fuhr sich mit einem Taschentuch über die Augen. „Es gibt wieder mal viel zu tun heute abend.“

Ich fühlte eine warme Zuneigung in mir aufkommen. Die Moslems hatten diese heiligen Frauen, die der Welt entsagen, um ihrem Gott zu dienen, schon immer hoch geachtet; mit ihrem Glauben mochten sie wohl falsch liegen, aber ihre Hingabe war echt. Wir plauderten miteinander, jedoch im Laufe des Gesprächs spürte ich, daß diese Frau etwas auf dem Herzen hatte. Es war die Bibel. Ich sah, wie die Neugier in ihrem Blick wuchs. Schließlich beugte sie sich vor und fragte in vertraulichem Ton: „Madame Sheikh, was machen Sie denn mit einer Bibel?“

„Ich bin ernsthaft auf der Suche nach Gott“, antwortete ich. Und dann, während die Kerzen herunterbrannten, erzählte ich ihr zunächst vorsichtig, dann immer kühner von meinen Träumen, meinem Besuch bei Mrs. Mitchell und meiner Vergleichslektüre von Bibel und Koran.

„Was auch geschieht“, sagte ich nachdrücklich, „ich muß Gott finden; was mich verwirrt, ist Euer Glaube.“ Während ich sprach, wurde mir deutlich, daß ich an einen sehr wichtigen Punkt rührte. „Ihr macht Gott so . . . ich weiß nicht, wie ich es ausdrücken soll . . . so *persönlich*!“

Die Augen der kleinen Nonne waren voller Mitgefühl, als sie

sich zu mir vorbeugte. „Madame Sheikh“, sagte sie, und ihre Stimme klang bewegt. „Es gibt nur einen Weg, herauszufinden, warum wir so denken. Aber diesen Weg müssen Sie selbst beschreiten. Warum beten Sie nicht zu dem Gott, den Sie suchen? Bitten Sie Ihn, Ihnen den Weg zu zeigen. Sprechen Sie mit Ihm, als sei Er Ihr Freund.“
Ich lächelte. Ebensogut könnte sie mir vorschlagen, mit dem Tağ Mahal zu sprechen! Aber dann sagte Frau Dr. Santiago etwas, was mich traf wie ein Schlag. Sie beugte sich weit herüber, nahm meine Hand und sagte mit Tränen in den Augen: „Sprechen Sie mit Ihm wie mit Ihrem Vater.“
Ich lehnte mich rasch zurück. Totenstille herrschte im Raum. Sogar Mahmuds und Toonis Unterhaltung war verstummt. Gedankenverloren starrte ich die Nonne an, in deren Brillengläsern sich das Kerzenlicht widerspiegelte.
„Gott anrufen, als sei Er mein Vater?“ – Der Gedanke bewegte meine Seele auf jene seltsame Weise, die der Wahrheit oft eigen ist; sie erschreckt und tröstet zugleich.
Und dann, wie auf ein Zeichen, begannen alle gleichzeitig wieder zu sprechen. Tooni und Mahmud lachten und entschieden, daß der Sonnenschirm dunkelrot angemalt werden müsse. Frau Dr. Santiago lächelte, erhob sich, wünschte uns allen einen guten Abend und verließ das Zimmer.
Kein weiteres Wort fiel über Gebet oder Christsein. Und doch war ich in dieser Nacht und auch noch am folgenden Morgen wie betäubt. Was dieses Erlebnis besonders rätselhaft machte, war die Tatsache, daß die Ärzte bei Mahmud nichts finden konnten und Mahmud auch stur behauptete, sein Ohr tue ihm überhaupt nicht weh. Zuerst ärgerte ich mich über all die Zeit und den Aufwand, die diese Geschichte gekostet hatten. Aber dann kam mir der Gedanke, daß Gott diese Situation vielleicht dazu benutzt hatte, mich mit Frau Dr. Santiago zusammenzubringen.

Später an jenem Vormittag fuhr Manzur uns alle nach Wah zurück. Als wir von der Hauptstraße in unsere Einfahrt abbogen, schimmerte das graue Hausdach durch die Bäume. Sonst freute ich mich auf mein Zuhause, weil ich mich hier von der Welt zurückziehen konnte. Aber heute sah ich mein Haus irgendwie anders – so, als sollte mir darin etwas ganz Besonderes widerfahren.
Während wir die Einfahrt entlangfuhren, hupte Manzur. Die Dienstboten kamen aus dem Haus und umstellten das Auto.
„Geht es dem Kleinen gut?" fragten sie alle auf einmal.
„Ja", beruhigte ich sie. Mahmud ging es gut. Aber mir war nicht nach Willkommensfeierlichkeiten zumute. Ich dachte an jenen neuen Weg, Gott zu finden. Ich ging in mein Zimmer hinauf, um über all das Geschehene nachzudenken. Kein Moslem, das wußte ich bestimmt, stellte sich Gott als Vater vor. Seit meiner Kindheit hatte man mir eingeschärft, daß der sicherste Weg, Allah zu kennen, darin bestand, fünfmal täglich zu beten, den Koran zu lesen und darüber nachzusinnen. Doch die Worte von Frau Dr. Santiago ließen mich nicht mehr los: „Sprechen Sie mit Gott wie mit Ihrem Vater!"
Allein in meinem Zimmer, kniete ich nieder und versuchte, Ihn Vater zu nennen. Doch vergeblich. Verzagt richtete ich mich wieder auf. War es nicht lächerlich, ja geradezu eine Sünde, Gott auf meine Ebene herabzuziehen?
Als ich an jenem Abend endlich einschlief, war ich verwirrter als je zuvor.
Stunden später erwachte ich. Es war nach Mitternacht, der 12. Dezember, mein Geburtstag. Ich war 47 Jahre alt. Ich spürte eine leichte Erregung, ein Überbleibsel aus meiner Kindheit, als die Geburtstage noch mit bunten Girlanden auf dem Rasen, mit Spielen und nicht abzusehenden Verwandtenbesuchen begangen wurden. Jetzt würde es kein Fest mehr geben – vielleicht ein paar Anrufe, weiter nichts.

Ach, wie hatte ich jene Kindertage vermißt! Ich stellte mir meine Eltern vor, wie ich mich am liebsten an sie erinnerte: Mutter, so liebenswürdig, so königlich und schön. Und Vater. Ich war so stolz auf ihn gewesen, als er seine hohen Posten in der indischen Regierung bekleidete. Ich sah ihn noch vor mir, wie er – tadellos gekleidet – vor dem Spiegel seinen Turban zurechtrückte, ehe er ins Büro ging. Die freundlichen Augen unter den buschigen Brauen, das sanfte Lächeln, die scharf geschnittenen Gesichtszüge, die gebogene Nase.

Am liebsten erinnerte ich mich daran, wie er bei der Arbeit saß. Selbst in einer Gesellschaft, in der Söhne mehr galten als Töchter, schätzte Vater seine Kinder in gleicher Weise. Oft, wenn ich als kleines Mädchen eine Frage an ihn hatte, blieb ich schüchtern an seiner Bürotür stehen und traute mich nicht, ihn zu unterbrechen. Dann erblickte er mich. Er legte die Feder nieder, lehnte sich in seinem Sessel zurück und rief: „Keecha?" Langsam und mit gesenktem Kopf ging ich dann auf ihn zu. Er lächelte und zog noch einen Stuhl zu sich heran. „Komm her, mein Liebling, und setz dich!" Dann legte er den Arm um mich und zog mich an sich. „Na, meine kleine Keecha", sagte er freundlich, „was kann ich für dich tun?"

Es war immer dasselbe bei Vater. Es machte ihm nichts aus, wenn ich ihn störte. Immer, wenn ich ein Problem oder eine Frage hatte, legte er, auch wenn er viel zu tun hatte, seine Arbeit beiseite und widmete mir seine volle Aufmerksamkeit.

Mitternacht war längst vorüber, als ich immer noch meinen Erinnerungen nachhing, die mir so kostbar waren.

„Oh, ich danke dir . . .", flüsterte ich Gott zu. – Sprach ich wirklich mit Ihm?

Plötzlich durchflutete mich ein Hoffnungsschimmer. Angenommen, nur angenommen, Gott wäre wie ein Vater. Wenn mein irdischer Vater schon alles beiseite gelegt hatte, um mir zuzuhören, würde dann mein himmlischer Vater . . .? Zitternd vor Aufregung stieg ich aus dem Bett und sank auf meine Knie. „Mein Vater!" Ich wagte es, Ihn so anzureden. Ein ganz neues Verständnis war in mir aufgebrochen. Doch was dann folgte, darauf war ich nicht vorbereitet.

5. Die Wegkreuzung

„Oh Vater, mein Vater . . . Gott Vater."
Zögernd sprach ich Seinen Namen laut aus. Ich versuchte es auf verschiedene Weise. Und dann, als ob ein Bann gebrochen sei, vertraute ich plötzlich darauf, daß Er mich wirklich hörte, so wie es mein irdischer Vater auch immer getan hatte.
„Vater, oh mein Gott Vater", rief ich mit wachsendem Vertrauen. Meine Stimme klang in dem großen Schlafzimmer ungewöhnlich laut, als ich neben meinem Bett auf dem Teppich kniete. Aber plötzlich war dieser Raum gar nicht mehr leer. *Er* war da! Ich spürte Seine Nähe. Ich fühlte Seine Hand sanft auf meinem Haar. Es war, als sähe ich Seine Augen, voller Liebe und Mitgefühl. Er war mir so nahe, daß ich den Kopf in Seinen Schoß legen konnte wie ein kleines Mädchen, das seinem Vater zu Füßen sitzt. Lange Zeit kniete ich dort, still vor mich hin schluchzend, Seiner Liebe hingegeben. Ich sprach mit Ihm und entschuldigte mich dafür, daß ich Ihn nicht schon früher kennengelernt hatte. Und wieder umhüllte mich seine liebende Barmherzigkeit wie eine warme Decke.
Jetzt erkannte ich, daß es sich um dieselbe liebende Gegenwart des göttlichen Geistes handelte, der ich an jenem Nachmittag in meinem dufterfüllten Garten begegnet war. Dieselbe göttliche Nähe, die ich oft beim Lesen der Bibel gespürt hatte.
„Ich bin verwirrt, Vater", sagte ich. „Ich muß mir über eines unbedingt Klarheit verschaffen." Ich griff zum Nachttisch, wo ich Bibel und Koran nebeneinander aufbewahrte.
Ich nahm beide Bücher auf und hob sie hoch, in jeder Hand eines. „Welches, Vater?" fragte ich. „Welches ist Dein Buch?"
Dann geschah etwas Erstaunliches. Nie zuvor hatte ich etwas Ähnliches erlebt. Tief in meinem Inneren hörte ich eine

Stimme. Die Worte waren klar und deutlich, voller Freundlichkeit und Bestimmtheit:

„In welchem Buch begegne ich dir als Vater?"

Darauf gab es nur eine Antwort. „In der Bibel", hörte ich mich sagen. Das war alles. Jetzt gab es für mich keinen Zweifel mehr, welches Gottes Buch war. Ich blickte auf die Uhr und war erstaunt, daß inzwischen drei Stunden vergangen waren. Und trotzdem war ich nicht müde. Ich wollte weiterbeten, weiter in der Bibel lesen, denn ich wußte, daß mein Vater durch sie zu mir sprechen würde. Ich ging nur deshalb zu Bett, weil ich mich meiner Gesundheit zuliebe dazu zwingen mußte. Aber gleich am nächsten Morgen sagte ich meinen Dienstmädchen, sie sollten dafür sorgen, daß ich ungestört bliebe, nahm meine Bibel und zog mich auf meinen Diwan zurück. Mit dem Matthäus-Evangelium begann ich nun, das Neue Testament Wort für Wort zu lesen.

Ich war tief beeindruckt davon, daß Gott zu Seinem Volk tatsächlich durch Träume gesprochen hatte, im ersten Teil des Matthäus-Evangeliums gleich fünfmal! Joseph empfing Weisung im Traum im Blick auf Maria. Er warnte die drei Weisen vor Herodes, und drei weitere Male sprach er zu Josef, um das Jesuskind zu schützen. Ich konnte nicht genug Zeit für die Bibel finden.

Alles, was ich las, schien darauf hinzudeuten, daß ich meinen Weg noch enger mit Ihm gehen mußte. Ich befand mich vor einer wichtigen Entscheidung. Gott-Vater, das konnte ich fassen. Aber in meinem Inneren war mir bewußt, daß ich mich seinem Sohn Jesus völlig übergeben oder mich wieder von ihm abwenden mußte. Einen anderen Weg gab es nicht.

Ich wußte genau, daß alle meine Verwandten mir dringend nahelegen würden, mich wieder von Jesus abzuwenden. In mir stieg die Erinnerung an einen besonders denkwürdigen Tag auf, an dem mein Vater allein mit mir unsere Familienmoschee besucht hatte. Wir betraten den erhabenen, gewölbten Raum. Mein Vater nahm meine Hand und sagte voller Stolz und Familienbewußtsein, daß zwanzig Generationen unserer Familie hier gebetet hätten. „Welch ein Vorrecht für dich, meine kleine Keecha, daß du an dieser uralten Wahrheit Anteil haben darfst."

Ich dachte an Tooni. Die junge Frau hatte ohnehin schon genug Sorgen. Auch meinen anderen Kindern, wenn sie auch weit entfernt wohnten, würde es weh tun, wenn ich Christin würde. Und wie würde mein Onkel Fateh reagieren, der mich seinerzeit so stolz beobachtet hatte, als ich im Alter von vier Jahren, vier Monaten und vier Tagen mit dem Lesen des Korans begonnen hatte? Und da war meine geliebte Tante Amina und alle meine anderen Verwandten, etwa hundert „Onkel", „Tanten" und „Vettern". Im Orient wird die Familie zur „biraderi", einer Gemeinschaft, in der die Mitglieder füreinander verantwortlich sind. Ich würde der Familie auf verschiedene Weise weh tun, ja sogar die Heiratschancen meiner Nichten beeinflussen, denn sie alle würden im Schatten meiner Entscheidung leben müssen, wenn ich mich zu den „Straßenkehrern" gesellte.

Am meisten aber sorgte ich mich um meinen kleinen Enkel Mahmud; was würde aus ihm werden? Ich erschrak, als ich an Mahmuds Vater dachte. Er war ein sehr wankelmütiger Mensch, der leicht auf den Gedanken kommen konnte, mir den Jungen wegzunehmen, falls ich Christin würde und damit meinen unsteten Charakter unter Beweis stellte.

Schließlich konnte ich es nicht mehr ertragen, mir die Auswirkungen meines Entschlusses vorzustellen. Tränen überwältigten mich. Schnell warf ich mir einen warmen Schal um und ging in den winterlichen Garten hinaus. Hier in meinem Zufluchtsort konnte ich ungestört nachdenken.

„Ach Herr", rief ich, während ich den Kiesweg entlangschritt,

„kannst Du wirklich von mir verlangen, daß ich meine Familie verlasse? Kann ein Gott der Liebe von mir verlangen, daß ich anderen Leid zufüge?" Und in meiner Verzweiflung hörte ich nur Seine Worte, die ich eben im Matthäus-Evangelium gelesen hatte:

> „Wer Vater oder Mutter mehr liebt als mich, der ist mein nicht wert; und wer Sohn oder Tochter mehr liebt als mich, der ist mein nicht wert . . ."
> (Matthäus 10,37)

Dieser Jesus schloß keine Kompromisse. Er wollte keinen Wettstreit. Seine Worte waren hart und unbequem, Worte, die ich nicht hören wollte.

Genug! Ich konnte diesen Druck nicht länger ertragen und wollte mich nicht entscheiden. Spontan lief ich ins Haus zurück, rief nach Manzur und erklärte der etwas verwunderten Haushälterin, daß ich nach Rawalpindi reisen würde. Ich würde ein paar Tage wegbleiben. Sie könnte mich im Hause meiner Tochter erreichen, falls ich gebraucht würde. Manzur fuhr mich nach Rawalpindi, wo ich tatsächlich ein paar Tage mit fieberhaften Käufen verbrachte – ich erstand Spielzeug für Mahmud, Parfüme und Saris für mich. Es war nicht weiter verwunderlich, daß ich in dieser Hektik langsam aus Seiner Nähe rückte. Als ein Ladeninhaber einmal einen Stoff vor mir ausbreitete und mir die Edelsteine zeigte, die in einem herrlichen Muster eingestickt waren, erblickte ich darin plötzlich das Zeichen des Kreuzes. Ich fuhr den Verkäufer unfreundlich an und verließ fluchtartig den Laden. Am nächsten Morgen kehrte ich nach Wah zurück und hatte mich weder entschieden, Moslemin zu bleiben noch hatte ich mich entschlossen, Christin zu werden.

Dann saß ich eines Abends vor dem Feuer und nahm meine Bibel wieder auf. Mahmud war im Bett. Es war ganz still im Wohnzimmer. Gelegentlich rüttelte ein Windstoß an den

Fenstern, die Holzscheite im Kamin zischten und knackten. Ich hatte alle vier Evangelien und die Apostelgeschichte durchgelesen, und an jenem Abend kam ich zum letzten Buch der Bibel. Ich war fasziniert von der Offenbarung, obwohl ich sehr wenig davon begriff. Wie auf einen inneren Befehl las ich trotzdem vertrauensvoll weiter, bis mir ein Vers in die Augen fiel, der mich in besonderer Weise traf. Es war der zwanzigste Vers des dritten Kapitels der Offenbarung:

> „Ich stehe vor der Tür und klopfe an. Wenn jemand meine Stimme hört und öffnet, werde ich bei ihm einkehren. Ich werde mit ihm essen und er mit mir."

. . . Ich werde mit ihm essen und er mit mir? – Ich atmete schwer und ließ das Buch in den Schoß fallen. Das war mein Traum, der Traum, in dem Jesus mit mir zusammen zu Abend gegessen hatte! Damals hatte ich noch keine Ahnung von einem Buch namens Offenbarung gehabt. Ich schloß die Augen und hatte das Bild noch einmal vor mir, wie Jesus mir am Tisch gegenüber gesessen hatte. Ich fühlte Sein warmes Lächeln, fühlte, daß ich angenommen war. Auch hier war die Herrlichkeit! Genau wie beim Vater. Es war die Herrlichkeit, die zu seiner Nähe gehörte!

Jetzt wußte ich, daß mein Traum von Gott gekommen war. Der Weg lag klar vor mir. Ich konnte ihn annehmen oder ablehnen. Ich konnte die Tür öffnen und Ihn für immer hereinbitten, oder ich konnte die Tür zuschlagen. Ich würde mich jedenfalls jetzt entscheiden müssen.

Ich faßte meinen Entschluß und kniete vor dem Feuer nieder. „O Gott, warte bitte nicht länger. Bitte, komm in mein Leben. Alles in mir ist Dir geöffnet." Ich mußte nicht mit mir ringen, noch mich um das sorgen, was folgen würde. Ich hatte Ja gesagt. Christus war jetzt in mein Leben getreten, und ich wußte es.

Wie unsagbar schön! Innerhalb weniger Tage war ich Gott

dem Vater und Gott dem Sohn begegnet. Ich stand auf und begann, mich zum Schlafengehen fertigzumachen. Meine Gedanken überschlugen sich. Sollte ich es wagen, noch einen Schritt weiterzugehen? Ich erinnerte mich, daß in der Apostelgeschichte geschildert war, wie Jesus seine Jünger mit dem Heiligen Geist getauft hatte. Galt das auch für mich?

„Herr", sagte ich und legte den Kopf auf mein Kissen zurück, „ich habe keinen, der mich anleitet, außer Dir selbst. Wenn Du willst, daß ich die Taufe im Heiligen Geist empfange, dann bin ich dazu bereit." Ich wußte, daß ich mich ganz in Seine Hände gegeben hatte, und schlief ein.

Es war noch dunkel, als ich in jener Nacht zum 24. Dezember 1966 zitternd vor Erwartung erwachte. Das Leuchtzifferblatt auf meiner Uhr zeigte drei Uhr morgens. Das Zimmer war eiskalt, ich aber glühte vor Erregung.

Ich kroch aus dem Bett und sank auf dem kalten Teppich auf die Knie. Als ich aufblickte, war mir, als sähe ich ein großes Licht. Unter Tränen erhob ich die Hände zu ihm und rief: „O Gott Vater, taufe mich mit Deinem Heiligen Geist!"

Ich nahm die Bibel und schlug die Apostelgeschichte auf, wo es im fünften Vers des ersten Kapitels heißt:

> „Johannes hat mit Wasser getauft, ihr aber werdet schon bald mit dem Geist Gottes getauft werden."

„Herr", rief ich, „wenn diese Worte wahr sind, dann schenke mir diese Taufe jetzt. Ich möchte nicht von diesem Platz aufstehen, bis Du mir diese Taufe gegeben hast."

Plötzlich war ich von fragendem Staunen und Ehrfurcht erfüllt, denn im Licht des hereinbrechenden Morgens sah ich Sein Angesicht. Ich fühlte, wie der Heilige Geist mein ganzes Sein durchströmte. Dann verebbte dieses Gefühl allmählich, und eine nie gekannte Freude brach in mir auf. Ich konnte nicht anders, als Ihn loben und preisen für Seine Gnade.

Wenig später erhob ich mich und blickte durch das filigran-

verzierte Fenster in meinen Garten. Es war bald Morgen. „O Herr", sagte ich, „kann der Himmel, von dem Du sprichst, noch schöner sein? Dich kennen ist Freude, Dich anbeten ist Glück, Dir nahe sein ist Friede. Das *ist* der Himmel!"
Ich schlief höchstens noch zwei Stunden, bevor die Dienstmädchen hereinkamen und mir beim Ankleiden halfen. Zum ersten Mal, seit ich denken konnte, entfuhr mir kein grobes Wort an diesem Morgen. In dem sonnendurchfluteten Raum herrschte statt dessen eine ruhige, friedliche Atmosphäre. Raisham summte sogar ein Lied vor sich hin, während sie mein Haar bürstete – das hatte sie bisher nie getan.
Den ganzen Tag wich die Freude nicht von mir, und ich pries Gott im stillen, während ich meiner täglichen Arbeit nachging. Beim Mittagessen blickte Mahmud von seinen Pfannkuchen auf und sagte: „Mum, du siehst so froh aus; was ist mir dir los?"
Ich strich ihm über sein glänzendes, schwarzes Haar. „Gib ihm etwas Halwa", sagte ich dem Koch, Mahmuds Lieblingsschleckerei, die aus Weizen, Butter und Zucker hergestellt wird. Ich erzählte Mahmud, daß wir Weihnachten dieses Jahr im Hause der Mitchells feiern würden.
„Weihnachten?" fragte Mahmud.
„Das ist ein Fest", sagte ich, „ähnlich wie Ramazan." Das verstand Mahmud. Ramazan war der Monat im moslemischen Kalenderjahr, in dem der Prophet Mohammed seine erste Offenbarung erhalten hatte. In diesem Monat fasten die Moslems täglich von Sonnenaufgang bis zum Sonnenuntergang. Danach verkünden Trommeln das Ende des täglichen Fastens, und man beginnt zu essen. Besonders Delikatessen werden in dieser Zeit zubereitet: Süße und saure Früchte, in Eierteig getauchte und dann gebratene Spinatblätter, köstlich zubereitete Auberginen und saftige Kababs (gegrillte Fleischspieße).
Ich nahm an, Weihnachten würde ähnlich gefeiert wie Rama-

zan. Und ich hatte recht. Als David uns an der Haustür begrüßte, umgab ihn der Duft wundervoller Speisen, und aus dem Innern des Hauses erklang fröhliches Lachen.
„Kommen Sie herein, komm herein“, rief er aus, und zog uns in das festlich geschmückte Wohnzimmer. In der Ecke strahlte ein Weihnachtsbaum, und das Gelächter der beiden Mitchell-Kinder, die nur wenig älter waren als Mahmud, drang aus dem Kinderzimmer herüber. Glücklich gesellte sich Mahmud zu ihnen.
Ich konnte meine Freude nicht länger zurückhalten. „David“, rief ich, indem ich ihn gedankenlos beim Vornamen nannte, „ich bin jetzt Christin! Ich habe die Taufe im Heiligen Geist empfangen!“
Er starrte mich einen Augenblick sprachlos an und zog mich dann ins Haus. „Woher wissen Sie von der Taufe im Heiligen Geist?“ Seine Augen weiteten sich vor Erstaunen, doch dann brach er in ein frohes Lachen aus und lobte Gott. Als Synnove ihn hörte, eilte sie aus der Küche herbei, und David fragte noch einmal: „Wer hat Ihnen das gesagt?“
„Jesus“, lachte ich. „Ich habe in der Apostelgeschichte davon gelesen; da bat ich Gott darum und empfing sie.“
David und Synnove schauten verwirrt drein. Aber dann eilten sie auf mich zu. Synnove umarmte mich und brach in Tränen aus, David ebenfalls. Dann standen wir drei Arm in Arm da und lobten Gott für das, was Er getan hatte.
An jenem Abend begann ich ein Tagebuch, in dem ich all die wunderbaren Dinge festhielt, die der Herr an mir getan hatte. Falls ich sterben sollte – und ich hatte keine Ahnung, was geschehen mochte, sobald es sich herumsprach, daß ich Christin geworden war – wollte ich wenigstens diesen Erlebnisbericht hinterlassen. Als ich am Schreibtisch saß und meine Erfahrungen niederschrieb, merkte ich nicht, daß der Herr sich anschickte, mich in seine Schule zu nehmen.

6. *Wie ich Seine Nähe suchen lernte*

In den folgenden Tagen warteten mehrere Überraschungen auf mich.
Zunächst erlebte ich Träume und Visionen, die jedoch völlig anders waren als die beiden Träume, mit denen das ganze unglaubliche Abenteuer begonnen hatte. Das erste Erlebnis dieser Art erschütterte mich zutiefst. Ich ruhte mich eines Nachmittags aus und dachte an meinen Herrn, als ich plötzlich das Gefühl hatte, aus dem Fenster zu schweben. Ich war sicher, daß ich nicht schlief; ich schwebte durch das Filigran-Holzwerk des Fensters und erblickte unter mir die Erde. Ich erschrak so sehr, daß ich entsetzt aufschrie, und da fand ich mich plötzlich wieder in meinem Bett. Mir war schwindlig, ich wagte kaum zu atmen.
„Was war das, Herr?“ fragte ich. Dann wurde mir klar, daß Er mir ein ganz besonderes Erlebnis hatte schenken wollen. „Es tut mir leid, Herr“, entschuldigte ich mich, „aber Du hast Dir einen Feigling ausgesucht.“
Später an diesem Abend wiederholte sich das Geschehen. Nur sprach ich diesmal die ganze Zeit mit Gott und sagte ihm, daß ich keine Angst mehr hätte. Als ich wieder im Zimmer war, wurde mir klar, daß ich mich im Geist in einem gewissen Schwebezustand befunden hatte. „Was soll das bedeuten, mein Gott?“ fragte ich.
Ich suchte in der Bibel nach einer Erklärung, denn ich begann zu fürchten, daß diese Dinge nicht von Gott kommen könnten.
Ich stieß einen Seufzer der Erleichterung aus, als ich in der Apostelgeschichte (8, 39) las, wie der Geist des Herrn Philip-

pus plötzlich in die entfernte Stadt Asdod entrückte, nachdem er den Äthiopier getauft hatte.
Dann wurde mir eine weitere Bestätigung geschenkt. Ich las im zweiten Brief des Paulus an die Christen in Korinth, wo er im 12. Kapitel davon berichtet, wie er Visionen und Offenbarungen vom Herrn empfing: „. . . da ward derselbe entrückt bis an den dritten Himmel." Er glaubte, daß allein Gott wisse, ob es sich um ein tatsächlich physisches Geschehen gehandelt habe oder nicht, und mir ging es genauso. Paulus fügte hinzu: „Dort hörte er geheimnisvolle Worte, die kein Mensch aussprechen kann."
Auch ich hörte Worte, die man in keine menschliche Sprache übersetzen kann, aber die Bilder werde ich niemals vergessen. Während einer solchen Entrückung sah ich einen Kirchturm, der hoch in den Himmel ragte. Vor mir lagen plötzlich Hunderte von Kirchen, neue und alte, Kirchen verschiedenster Stilepochen. Mitten darunter eine herrliche goldene Kirche. Wieder wandelte sich das Bild, und ich sah ganze Städte unter mir, moderne Stadtzentren und altertümliche Marktplätze. Es war alles ganz deutlich zu sehen: die Wolkenkratzer, die Kirchtürme, die malerischen Fachwerkhäuser.
Dann erschrak ich, denn ich sah einen Mann auf einem roten Pferd, dessen rechte Hand ein Schwert schwang; er ritt in wildem Galopp über die wolkenverhangene Erde. Manchmal stieß sein Kopf fast an die Wolken, dann wieder berührten die blitzenden Hufe seines feurigen Rosses den Boden.
Ich wurde das Gefühl nicht los, daß mir alle diese Bilder aus einem besonderen, noch unbekannten Grund geschenkt wurden.
Wenn ich jetzt die Bibel las, und das war eine neue bemerkenswerte Erfahrung, sprach sie ganz anders zu mir als bisher. Ich schritt gleichsam durch die Seiten hindurch in jenes alte

Palästina hinüber, wo Jesus die steinigen Wege unermüdlich entlanggezogen war. Ich sah Ihn, wie Er predigte und lehrte und Seine Botschaft in alltäglichen Begebenheiten lebendig werden ließ. Ich sah Ihn, wie Er die Kraft des Heiligen Geistes deutlich machte und schließlich ans Kreuz ging und den Tod besiegte.

Zu meiner Überraschung stellte ich fest, daß andere die Auswirkungen meines Bibellesens zu spüren begannen. Das wurde mir eines Tages bewußt, als meine beiden Mädchen mit meiner Morgentoilette begannen. Nur-jan legte die silbernen Kämme und Bürsten auf einem Tablett zurecht, wobei ihr dieses plötzlich aus der Hand rutschte und mit großem Krach zu Boden fiel. Wie gelähmt vor Schreck und mit weit aufgerissenen Augen stand sie da – ich wußte, sie wartete auf meine Strafpredigt. Ich wollte auch eben, wie gewohnt, damit beginnen, da besann ich mich. Statt dessen sagte ich nur: „Macht nichts, Nur-jan, sie sind ja noch heil."

Außerdem begann sich eine eigenartige Kühnheit in meinem Leben abzuzeichnen. Bis jetzt hatte ich Angst davor gehabt, daß andere von meinem Interesse für Christus erfahren könnten. Einerseits schreckte mich der Gedanke ab, die Leute könnten sich über die „Straßenkehrer-Begum" lustig machen. Andererseits befürchtete ich, meine Familie könnte mich aus der Gemeinschaft ausstoßen. Mahmuds Vater käme vielleicht sogar auf den Gedanken, mir das Kind wegzunehmen; auch hatte ich Angst, irgendein Fanatiker könnte das Koranwort befolgen, in dem es heißt, daß jeder, der vom Islam abfällt, mit dem Tode bestraft wird. So war ich nicht darauf erpicht, bei den Mitchells gesehen zu werden. Die Gruppe von Frauen, die an jenem Abend aus Davids und Synnoves Haus gekommen war, beunruhigte mich noch immer. Meine eigenen Dienstboten hatten sicher bemerkt, daß etwas Ungewöhnliches in mir vorging.

Alles zusammengenommen, lebte ich in einem Zustand dauernder Unruhe, da ich nie wußte, wann man mit dem Druck gegen mich beginnen würde.

Nach meinen drei Begegnungen mit Gott jedoch ertappte ich mich eines Tages bei einem überraschenden Eingeständnis. Ich wollte meine Entscheidung, die ich für Christus getroffen hatte, nicht länger verbergen. Ich wollte „Jesus mit dem Munde bekennen", wie die Bibel sagt.

„Nun denn", sagte ich zu mir, als ich eines Morgens an meinem Schlafzimmerfenster stand, „wir wollen die Dinge einfach auf uns zukommen lassen."

So schnell hatte ich diese „Dinge" aber noch nicht erwartet. Kurz nach Weihnachten 1966 kam das Dienstmädchen, das für die untere Etage zuständig war, mit hochgezogenen Brauen zu mir. „Mrs. Mitchell ist hier, Begum", sagte sie.

„Ach ja?" sagte ich und versuchte meiner Stimme einen beiläufigen Klang zu geben. „Führe sie herein." Ich hatte Herzklopfen, als ich meiner Besucherin entgegenging. „Ich fühle mich sehr geehrt durch Ihren Besuch", sagte ich und achtete darauf, daß das Mädchen, das sich noch im Hintergrund aufhielt, mich gut verstehen konnte.

Synnove war gekommen, um mich zu einem Abendessen einzuladen. „Es werden noch einige andere dabeisein", sagte sie. „Leute, die Sie bestimmt gerne kennenlernen möchten."

Andere? Ich fühlte, wie die bekannte Mauer wieder in mir hochstieg. Synnove mußte meinen zögernden Blick aufgefangen haben, denn sie beruhigte mich. „Die meisten von ihnen sind Christen. Einige kommen aus England, andere aus Amerika. Werden Sie dabeisein?" fragte sie, während ihre Augen erwartungsvoll auf mich gerichtet waren.

Da konnte ich gar nicht anders, als ihr meine Zusage zu geben, wenn auch meine Begeisterung nicht ganz meinem tatsächlichen Empfinden entsprach.

Ich fragte mich, warum Christen gewöhnlich so schüchtern und zurückhaltend in ihrem Zeugnis waren. Ich war früher des öfteren mit Christen in Berührung gekommen, meistens bei Staatsbanketts, die ich als Frau eines Regierungsbeamten zu geben hatte. Diese Banketts waren immer sehr formell; uniformierte Diener trugen das Essen auf. Decken aus Brüsseler Spitze bedeckten die Tafel, auf deren Aufsätzen man frische Blumengestecke placiert hatte. Alles zog sich sehr in die Länge, denn jeder Gang wurde in besonderem Porzellan aufgetragen. Unter den Gästen hatten sich zwar Christen aus verschiedenen Ländern befunden, doch niemand sprach je von seinem Glauben, auch dann nicht, wenn es sich im Gespräch auf natürliche Weise ergeben hätte. „Die Leute bei den Mitchells sind bestimmt nicht so zurückhaltend“, dachte ich.

So fuhr ich am nächsten Tag die mir schon vertraute Straße zum Hause der Mitchells entlang. David und Synnove hießen mich willkommen und stellten mich ihren Freunden vor. Wie wäre mir wohl zumute gewesen, hätte ich damals schon gewußt, welch eine bedeutende Rolle einige dieser Menschen noch in meinem Leben spielen würden?

Das erste Ehepaar waren Ken und Marie Old. Ken war Engländer, dessen blaue Augen humorvoll hinter dicken Brillengläsern hervorblinzelten. Er war Bauingenieur und gab sich ebenso lässig und ungeniert, wie er gekleidet war. Seine Frau Marie war eine amerikanische Krankenschwester. Eine praktisch begabte Frau mit einem strahlenden Lächeln.

Auch die übrigen Gäste waren herzlich und freundlich zu mir, doch dann befand ich mich zu meinem Entsetzen im Mittelpunkt der allgemeinen Aufmerksamkeit. Alle wollten hören, was ich erlebt hatte. Das ruhige Abendessen, das ich erwartet hatte, entpuppte sich als Frage- und Antwortspiel. Doch als ich von meinen Träumen berichtete und wie ich den drei

Personen der Gottheit unabhängig voneinander begegnet war, wurde es still im Eßzimmer – selbst die Kinder blieben ruhig sitzen. Am Ende der Mahlzeit lobte David die Kochkunst seiner Frau, fügte dann jedoch hinzu, daß die geistliche Nahrung aus meiner Erzählung noch gehaltvoller gewesen sei.

Ken stimmte ihm zu. „Ich habe Sie schon früher gesehen", sagte er. „Als ich noch in Wah wohnte, bin ich frühmorgens oft an Ihrem Garten vorbeigekommen und bewunderte die Blütenpracht. Manchmal standen Sie im Garten, aber ich muß sagen, Sie sind einfach nicht mehr dieselbe Frau!" Ich wußte genau, was er sagen wollte.

Die Bilquis Sheikh von früher war eine Frau ohne Lächeln gewesen. „Sie sehen aus wie ein Kind, das plötzlich ein unerwartetes Geschenk erhalten hat", sagte er. „In Ihrem Gesicht zeichnet sich noch immer ein ungläubiges Staunen ab über dieses Geschenk, das Sie offenbar mehr schätzen als alles, was Sie besessen haben."

Ich begann, diesen Mann gern zu haben.

Auch mit den anderen Gästen kam es zu guten Gesprächen, und ich stellte fest, wie recht ich mit meiner Annahme gehabt hatte. Diese Christen waren wirklich ganz anders als jene, die ich seinerzeit bei den Empfängen kennengelernt hatte. Bevor der Abend noch um war, hatte jeder ein wenig von dem berichtet, was der Herr in seinem Leben getan hatte. David hatte recht.

Das Essen war ausgezeichnet, aber die eigentliche Nahrung verdankten wir der Gegenwart des Heiligen Geistes in diesem kleinen Haus. Ich hatte so etwas noch nie erlebt, und wünschte mir solche Zusammenkünfte öfter.

Darum trafen auch Kens Worte beim Abschied den Nagel auf den Kopf. „Sie brauchen jetzt die regelmäßige Gemeinschaft mit Christen, Bilquis", sagte er. „Möchten Sie die Sonntagabende nicht bei uns verbringen?" „Könnten Sie das einrichten?" fragte Marie erwartungsvoll. Ich stimmte der Einladung zu.

Und so begann ich, regelmäßig mit anderen Christen zusammenzukommen. Sonntagabends trafen wir uns im Hause der Olds. Sie hatten ein Backsteinhaus gemietet, dessen Wohnzimmer kaum die ca. zwölf Personen fassen konnte, die sich hier zusammendrängten. Nur zwei waren Pakistanis, alle übrigen Engländer und Amerikaner. Ich lernte neue Menschen kennen, zum Beispiel Dr. Cristy und seine Frau. Dieser magere, energisch aussehende amerikansiche Arzt war Facharzt für Augenkrankheiten, seine Frau Krankenschwester. Beide arbeiteten im örtlichen Missionshospital. Bei diesen Zusammenkünften sangen wir miteinander, lasen die Bibel und beteten füreinander. Rasch wurde dieser Abend für mich zum Höhepunkt der ganzen Woche.

Eines Sonntags hatte ich keine große Lust, zu den Olds zu gehen. Ich rief sie deshalb an und gab ihnen irgendeine fadenscheinige Erklärung für mein Nichterscheinen. Es schien eine Kleinigkeit, aber gleich danach hatte ich ein ungutes Gefühl. Was war das nur? Ich ging ruhelos im Haus umher und überprüfte die Arbeiten der Dienstboten. Es war alles in Ordnung, und doch schien alles verkehrt. Dann ging ich in mein Zimmer und kniete zum Gebet nieder. Nach einer Weile schlüpfte Mahmud herein, so leise, daß ich ihn erst bemerkte, als er seine kleine, weiche Hand in die meine legte.

„Mum, fehlt dir etwas?" fragte er. „Du siehst so komisch aus." Ich lächelte und beruhigte ihn. Nein, es fehlte mir nichts. „Aber du läufst doch ständig durchs Haus und tust so, als hättest du etwas verloren."

Damit war er wieder draußen. Die Tür fiel hinter ihm zu, und ich hörte ihn den Flur entlangrennen.

„Ich sah aus, als hätte ich etwas verloren?!"

Mahmud hatte recht. In dem Augenblick wurde mir bewußt, *was* ich verloren hatte. Ich spürte Gottes Gegenwart nicht mehr. Woran mochte das liegen? Hatte es damit zu tun, daß ich dem Treffen bei den Olds ferngeblieben war, daß ich die Gemeinschaft mit anderen verschmähte, wo ich sie doch so nötig hatte?

Sofort rief ich Ken an und sagte, ich würde doch noch kommen.

Welch ein Unterschied! Sogleich spürte ich, wie jene tröstliche Wärme zurückkehrte, und ich machte mich auf den Weg zu meinen Freunden, wie ich es versprochen hatte. Nichts Ungewöhnliches geschah dort, und doch wußte ich, daß ich mich wieder in Seiner Gegenwart befand. Ken hatte offenbar recht gehabt. Ich *brauchte* die Gemeinschaft. Außerdem hatte ich eine wichtige Lektion gelernt. Künftig würde ich regelmäßig zu den Abenden gehen, es sei denn, Jesus selber hinderte mich daran.

Während ich Gott Schritt für Schritt näherkam, erfaßte mich ein schier unersättlicher Hunger nach Gottes Wort. Sobald ich morgens erwachte, nahm ich meine Bibel zur Hand. Das Wort wurde lebendig für mich. Es gab mir Licht für den Tag und beleuchtete jeden Schritt, den ich zu tun beabsichtigte. Im wahrsten Sinne des Wortes war die Bibel zu einem „lieblichen Duft" für mich geworden.

Doch auch in bezug auf das tägliche Bibellesen hatte ich eine Lektion zu lernen. Eines Morgens wollten Mahmud und ich für einen Tag seine Mutter besuchen. Da ich am Vorabend spät zu Bett gegangen war, hatte ich keine Lust, schon im Morgengrauen wieder aufzustehen, um mich eine Stunde mit der Bibel zu beschäftigen. Ich bat Raisham daher, sie solle mich erst kurz vor der Abfahrt zum Tee wecken.

In jener Nacht schlief ich sehr schlecht. Ich warf mich herum und hatte Alpträume. Als Raisham eintrat, war ich wie

gerädert. An diesem Tag wollte mir nichts recht gelingen. Eigenartig! Was wollte der Herr mir damit sagen? Daß Er die *tägliche* Bibellese von mir erwartete?
Dies war das zweite Mal, daß ich deutlich spürte, wie ich mich aus der Gegenwart Gottes entfernte.
Irgendwie beunruhigte mich dieses Erlebnis. Ich hatte das undeutliche Empfinden, einer wichtigen Wahrheit auf der Spur zu sein. Es gab Zeiten, in denen ich Gottes Nähe und damit tiefe Freude und Frieden empfand, und es gab Zeiten, in denen ich Seine Gegenwart verloren hatte.
Wo war der Schlüssel zu diesem Dilemma? Was konnte ich tun, um Ihm nahe zu bleiben?
Ich dachte an die Zeiten zurück, in denen Er mir ungewöhnlich nahe gewesen war – in meinen beiden Träumen und an jenem Nachmittag, als ich in meinem winterlichen Garten jenen unbeschreiblichen Duft wahrgenommen hatte. Ich dachte auch an meinen ersten Besuch bei den Mitchells und an die Tage, an denen ich regelmäßig die Bibel gelesen und an den Sonntagsgesprächen bei den Olds teilgenommen hatte.
Bei fast allen diesen Gelegenheiten war der Herr mir spürbar nahe gewesen.
Ich erinnerte mich aber auch an jene Augenblicke, in denen ich Ihm seltsam fern war. Wie sagt die Bibel in Epheser 4,30:

„Betrübet nicht den Heiligen Geist Gottes."

Hatte ich das getan, als ich die Dienstboten ausschimpfte? Oder wenn ich es unterließ, mir durch regelmäßiges Bibellesen geistliche Nahrung zu verschaffen? Oder einfach, wenn ich nicht zu den Olds ging?
Gehorsam war jedenfalls einer der Schlüssel zum Geheimnis Seiner Gegenwart. Wenn ich gehorchte, durfte ich in Seiner Nähe bleiben.
Ich holte meine Bibel hervor und suchte im Johannes-Evangelium, bis ich folgende Worte Jesu fand: „Wer mich

liebt, der wird sich nach meinen Worten richten, und mein Vater wird ihn lieben. Ich werde mit meinem Vater zu ihm kommen, und wir werden bei ihm wohnen." (Johannes 14, 23)
So drückte die Bibel das aus, was ich sagen wollte – in Seiner Gegenwart bleiben. Eben das versuchte ich ja!
Und der Schlüssel war Gehorsam. „O Vater", betete ich, „ich will Dir dienen, so wie es in der Bibel steht. Ich will Dir gehorchen. Ich habe es immer als Opfer angesehen, meinen eigenen Willen aufzugeben. Aber es ist gar kein Opfer, weil ich dadurch in Deiner Nähe bleibe. Wie könnte Deine Gegenwart ein Opfer sein?"
Es war nach wie vor ungewöhnlich für mich, daß der Herr so direkt zu mir sprach, wie Er es gerade jetzt tat, denn wer außer Ihm hätte mich gebeten: „Liebe deinen geschiedenen Mann, vergib ihm, Bilquis!"
Einen Augenblick war ich vor Schreck wie gelähmt. Natürlich fühlte ich Seine Liebe für die Menschen im allgemeinen. Aber diesen Mann lieben, der mich so sehr verletzt hatte?
„Vater, das kann ich einfach nicht. Ich möchte Khalid nicht segnen und ihm auch nicht vergeben." Es fiel mir ein, wie ich in kindischer Weise einmal den Herrn gebeten hatte, meinen Mann nicht zu bekehren, weil er ja dann dieselbe Freude empfinden würde wie ich. Und jetzt verlangte Gott von mir, diesen Mann zu lieben? Ich fühlte Zorn in mir aufsteigen, als ich an Khalid dachte, und ich verscheuchte den Gedanken wieder.
„Vielleicht könnte ich ihn einfach vergessen, Herr. Wäre das nicht genug?"
Bildete ich es mir nur ein, oder zog sich Gottes Geist wieder von mir zurück? „Ich kann meinem Mann nicht vergeben, Herr. Ich bringe es einfach nicht fertig!"

„Mein Joch ist sanft und meine Last ist leicht." (Matthäus 11, 30)

„Herr, ich kann ihm nicht vergeben“, schrie ich. Dann zählte ich all das Schreckliche auf, das Khalid mir angetan hatte. Dabei wurden mir auch andere Wunden wieder bewußt, die ich tief in mein Unterbewußtsein verdrängt hatte. Haß stieg in mir auf. Jetzt fühlte ich mich gänzlich von Gott getrennt. Angstvoll schrie ich auf wie ein verirrtes Kind.
Und auf wunderbare Weise war Er wieder da, hier bei mir im Zimmer. Ich warf mich Ihm zu Füßen und bekannte meinen Haß und meine Unfähigkeit zu vergeben.

> „Mein Joch ist sanft und meine Last ist leicht.“ (Matthäus 11,30)

Langsam, bewußt, legte ich Ihm meine ganze schreckliche Last zu Füßen. Ich ließ meinen Ärger, meinen Schmerz und meine bodenlose Wut fahren und gab alles in Seine Hände. Plötzlich fühlte ich ein Licht in mir aufgehen, ähnlich dem Leuchten der Morgendämmerung. Ich konnte wieder frei atmen. Da lief ich rasch zu meinem Ankleidetisch, nahm das goldgerahmte Bild in die Hand und blickte in Khalids Gesicht. Ich betete: „Ach Vater, nimm meine ganze Ablehnung von mir und erfülle mich mit Deiner Liebe für Khalid, im Namen meines Herrn und Heilandes Jesus Christus.“
Lange Zeit stand ich da und blickte auf das Bild. Langsam begann das negative Gefühl in mir zu schwinden. An seine Stelle trat eine unerwartete Liebe, eine neue Besorgtheit für den Mann auf dem Foto. Ich konnte es nicht fassen. Ich wünschte meinem früheren Mann wirklich alles Gute.
„O segne ihn, Herr, gib ihm Freude, laß ihn in seinem neuen Leben glücklich werden.“
Eine schwere Last war mir von der Seele genommen. Ich fühlte mich entspannt und voller Frieden. Nie mehr wollte ich Seine Nähe verlieren.
Um mich ständig an diesen Wunsch zu erinnern, ging ich nach unten, obwohl es schon sehr spät war, und holte mir ein wenig

Henna, mit dem ich mir ein Kreuz auf beide Handrücken malte.

Niemals mehr wollte ich mich bewußt aus Seiner Nähe entfernen.

Ich war sicher, daß es lange dauern würde, bis ich gelernt hätte, beständig in Seiner Gegenwart zu leben. Aber ich sah dieser Zeit der Einübung mit Spannung entgegen.

Doch dann hatte ich eines Nachts ein entsetzliches Erlebnis.

Ich wußte nicht, daß ich auch von bösen Mächten heimgesucht werden sollte.

7. Die Taufe mit Feuer und Wasser

In jener Nacht im Januar 1967 hatte ich tief geschlafen, als ich ganz plötzlich aufgeschreckt wurde. Mein Bett schwankte heftig.

Ein Erdbeben? Namenlose Furcht ergriff mich. Und dann spürte ich eine entsetzliche, böse Macht in meinem Zimmer; eine Macht, die ich als etwas Teuflisches empfand. Plötzlich wurde ich aus dem Bett geschleudert; ob das nun tatsächlich oder im Geist geschah, kann ich nicht sagen. Aber ich wurde gestoßen und umhergeworfen wie ein Strohhalm in einem Wirbelsturm. Das Gesicht Mahmuds blitzte vor mir auf, und ich schrie für ihn um Hilfe.

Das ist sicher der Tod, der mich holen will, dachte ich, und meine Seele bebte. Die schreckliche Macht umhüllte mich wie eine schwarze Wolke, und instinktiv schrie ich zu dem, der mir jetzt alles bedeutete. „Oh, Herr Jesus!“ Dabei wurde ich mächtig geschüttelt, ähnlich wie ein Hund seine Beute hin- und herreißt.

„Tue ich unrecht, Jesus anzurufen?“ schrie ich in meinem Innern zu Gott. Da erfüllte mich eine große Kraft, und ich rief immer wieder Seinen Namen.

Bei diesen Worten ließ das Wüten der finsteren Mächte nach. Ich lag da und lobte Gott. Gegen drei Uhr morgens wurden mir die Lider schwer, und ich schlief ein.

Am Morgen weckte Raisham mich mit dem Tee. Ich blieb noch ein Weilchen liegen und fühlte mich ungeheuer erleichtert. Als ich die Augen im Gebet schloß, sah ich den Herrn Jesus Christus vor mir stehen. Er trug ein weißes Gewand und einen purpurroten Umhang. Er lächelte mich freundlich an und sagte: „Habe keine Angst, es wird nicht wieder geschehen."

Da war ich sicher, daß mein beängstigendes Erlebnis vom Teufel gekommen war; es war eine Versuchung, die Jesus zu meinem eigenen Besten zugelassen hatte. Ich dachte an den Schrei, der tief aus meiner Seele drang: „Ich *will* Seinen Namen anrufen, ich *will* den Namen Jesus Christus aussprechen."

Noch immer stand der Herr vor mir. „Es ist Zeit, daß du mit Wasser getauft wirst, Bilquis", sagte er.

Wassertaufe? Ich hatte die Worte deutlich gehört, und sie gefielen mir gar nicht.

So rasch ich konnte, zog ich mich an und bat Nur-jan und Raisham, dafür zu sorgen, daß ich bis zum Mittagessen nicht gestört würde. Ich stand am Fenster und dachte nach. Die Morgenluft war kühl, und weißer Nebel stieg aus den Wiesen. Ich wußte, daß die Bedeutung der Taufe der moslemischen Welt durchaus geläufig war. Man kann es sich leisten, die Bibel zu lesen, ohne allzuviel Feindschaft zu entfachen. Aber das Sakrament der Taufe ist etwas anderes. Es ist für den Moslem das einzige sichere Zeichen, daß ein Untreuer dem Islam entsagt hat und Christ geworden ist. Für den Moslem bedeutet Taufe Abfall vom Islam.

Das war also eine schwierige Prüfung für mich. Ich wußte genau, worum es ging. Würde ich der Furcht, als Ausgestoßene, oder schlimmer noch, als Verräterin zu gelten, nachgeben, oder würde ich Jesus gehorchen?

Zunächst mußte ich jedoch Gewißheit haben, daß ich wirklich Gott und nicht meiner eigenen Einbildung gehorchte. Ich konnte und wollte mich nicht auf „Stimmen" verlassen. Da ich noch jung im Glauben war, befürchtete ich, fehlgeleitet zu werden. Das beste war sicherlich, die Bibel zu Rate zu ziehen.

So vertiefte ich mich also erneut in meine Bibel und las, wie Jesus selbst im Jordan getauft wurde. Ich schlug auch noch einmal den Brief des Paulus an die Römer auf, wo er dieses Sakrament mit den Begriffen von Tod und Auferstehung umschreibt. Der „alte Mensch" stirbt, und alle seine Sünden mit ihm. Eine neue Kreatur erwacht zum Leben.

> „Wir wissen, daß unser alter Mensch samt ihm gekreuzigt ist, damit der Leib der Sünde aufhöre.
> Sind wir aber mit Christus gestorben, so glauben wir, daß wir auch mit ihm leben werden." (Römer 6,6 u. 8)

Das war es also. Wenn Jesus sich hatte taufen lassen, und wenn die Bibel zur Taufe aufrief, dann würde ich gehorchen. Sofort klingelte ich nach Raisham.

„Bitte sage Manzur, er soll den Wagen bereitstellen", sagte ich. „Ich werde nach dem Essen einen Besuch machen."

Nicht lange danach saß ich wieder einmal in Maries und Kens kleinem Wohnzimmer und sprudelte meine Neuigkeiten hervor, wie es so meine Art ist. „Ken", sagte ich, indem ich ihm direkt in die Augen schaute, „ich bin sicher, daß der Herr mir gesagt hat, ich solle mich taufen lassen."

Er sah mich lange an, als suche er die Tiefe meiner Absicht mit seinem Blick zu ergründen. Dann beugte er sich vor und sagte sehr, sehr ernst: „Bilquis, sind Sie auf das gefaßt, was dann geschehen könnte?"

„Ja, aber . . .", begann ich. Ken unterbrach mich mit leiser Stimme: „Bilquis, ein Pakistani, dem ich neulich begegnet bin, hat mich gefragt, ob ich in meiner Heimat von Beruf Straßenkehrer sei." Er sah mich prüfend an. „Sind Sie sich bewußt, daß Sie dann nicht mehr die *Begum* Sheikh sein werden, jene geachtete Grundbesitzerin mit jahrhundertealter Familientradition, sondern daß man Sie mit den Straßenkehrer-Christen auf eine Stufe stellen wird?"

„Ja", antwortete ich, „das weiß ich."

Seine Worte wurden noch bestimmter, und ich mußte alle Kraft zusammennehmen, um seinem Blick standzuhalten. „Und wissen Sie auch", fuhr er fort, „daß Mahmuds Vater Ihnen das Kind dann leicht wegnehmen kann? Er könnte Ihnen vorwerfen, als Vormund ungeeignet zu sein."

Das traf. Ich hatte mir vorher schon Gedanken darüber gemacht, aber als ich Ken diese Möglichkeit jetzt laut aussprechen hörte, hielt ich sie für noch wahrscheinlicher.

„Ja, ich weiß, Ken", sagte ich leise. „Ich weiß, daß viele Menschen denken werden, ich beginge ein Verbrechen. Aber ich möchte mich trotzdem taufen lassen. Ich muß Gott gehorchen."

Unser Gespräch wurde durch die unerwartete Ankunft der Mitchells unterbrochen. Ken erzählte ihnen sofort, daß wir etwas Wichtiges zu besprechen hätten. „Bilquis will sich taufen lassen", sagte er.

Schweigen. Synnove räusperte sich. „Aber wir haben kein Taufbecken", sagte David.

„Wie wäre es mit der Kirche in Peshawar?" fragte Marie. „Haben die nicht ein Taufbecken?"

Ich erschrak. Peshawar ist die Hauptstadt der nordwestlichen Grenzprovinz – eine typische Provinzstadt. Sie wird von äußerst konservativen Moslems bewohnt, die wegen ihrer raschen, unüberlegten Handlungen berüchtigt sind. Dann ließe sich die Taufe bestimmt nicht geheimhalten. Die ganze Stadt würde innerhalb einer Stunde davon erfahren.

Wir verblieben trotzdem so, daß Ken mit Peshawar Verbindung aufnehmen sollte. Wir würden von dem dortigen Pastor in ein bis zwei Tagen Nachricht erhalten.

An jenem Abend klingelte mein Telefon. Mein Großonkel Fateh war am Apparat. Ich liebte diesen alten Herrn sehr. Er hatte immer großen Anteil an meiner religiösen Unterweisung genommen.

„Bilquis?“ Die gebieterische Stimme meines Onkels klang erregt.
„Ja, Onkel?“
„Stimmt es, daß du die Bibel liest?“
„Ja.“
Ich überlegte, woher er das wußte. Was mochte er sonst noch in Erfahrung gebracht haben?
Onkel Fateh räusperte sich: „Bilquis, sprich ja nicht mit irgendwelchen Christen über die Bibel. Du weißt, wie gerne sie argumentieren. Ihre Argumente stiften immer Verwirrung.“
Ich wollte ihn unterbrechen, aber er ließ es nicht zu. „Lade niemanden, hörst du, *niemanden* in dein Haus ein, ohne mich vorher um Rat zu fragen! Wenn du es doch tust, mußt du wissen, daß deine Familie nicht mehr zu dir stehen wird.“
Einen Augenblick war Stille in der Leitung. Onkel Fateh mußte Luft schöpfen. Ich nützte die Gelegenheit aus: „Hör zu, Onkel“, sagte ich. „Du weißt doch, daß noch nie jemand ohne Einladung mein Haus betreten hat.“ Das würde mir mein Onkel schon abnehmen; ich war dafür bekannt, daß ich Besucher, die sich nicht vorher angemeldet hatten, rücksichtslos abwies.
„Du weißt aber auch“, schloß ich, „daß ich empfange, wen ich empfangen möchte. Auf Wiedersehen, Onkel.“
Ich legte auf. War das ein Omen für das, was ich von seiten meiner Familie zu erwarten hatte? Wenn Onkel Fateh schon so heftig reagierte, nur weil er gehört hatte, daß ich die Bibel las, was würde dann erst geschehen, wenn er und die übrige Familie von meiner Taufe erfuhren? Ich mochte nicht daran denken.
Das bestärkte mich in meinem Verlangen, die Taufe möglichst rasch vollziehen zu lassen. Ich traute mir nicht zu, dem Druck

einer großen Anzahl geliebter Menschen standzuhalten.
Keine Nachricht von Ken.

Am nächsten Morgen stieß ich bei meiner Bibellese wieder auf den Bericht vom Kämmerer, dem Philippus die Botschaft Gottes gebracht hatte. Das erste, was der Kämmerer tat, als er Wasser sah, war, aus dem Wagen zu springen und sich taufen zu lassen. Es war, als sage der Herr mir erneut: „Lasse dich taufen und zwar sofort!" Sicher wollte Er mir sagen, daß etwas oder jemand mich hindern könnte, falls ich noch länger wartete.

Ich sprang aus dem Bett, denn mir war erneut klar geworden, daß gewaltige Mächte sich dem in den Weg stellen wollten, wozu mein Herr mir den Auftrag gab. Ich legte die Bibel beiseite, rief nach meinen Mädchen, die mir beim Ankleiden halfen und fuhr wenig später bei den Mitchells vor.

„David", sagte ich, noch im Hausflur, „ist Antwort aus Peshawar da?"

„Nein, bis jetzt noch nicht."

Erregt fuhr ich auf. „Können Sie mich denn nicht hier taufen? Heute? Jetzt?"

David runzelte die Stirn. Er zog mich ins Haus herein. „Wissen Sie, Bilquis, wir dürfen einen solch wichtigen Schritt nicht überstürzen."

„Ich muß aber meinem Herrn gehorchen. Er sagt mir immer wieder, ich solle mich beeilen." Ich erzählte ihm von meiner Bibellese am Morgen und von der Deutlichkeit, mit der Gott mir klarmachte, daß ich mich taufen lassen solle, bevor wichtige Umstände es verhindern könnten.

David machte eine hilflose Handbewegung. „Ich muß heute nachmittag mit Synnove nach Abbottabad hinauf, und jetzt kann ich überhaupt nichts tun, Bilquis."

Er legte mir die Hand auf den Arm. „Seien Sie geduldig, Bilquis. Sicher hören wir morgen etwas aus Peshawar."

Ich fuhr zu den Olds hinüber. „Bitte", rief ich, als Ken und Marie mich begrüßten, „gibt es irgendeine Möglichkeit, mich sofort taufen zu lassen?"
„Wir haben unseren Pastor gefragt", sagte Ken, indem er mich ins Wohnzimmer führte. „Er sagt, die Sache muß zuerst vor den Gemeinderat."
„Gemeinderat? Wer ist denn das?" fragte ich.
Er setzte mir auseinander, daß sein Pastor mich gerne taufen würde, daß er jedoch zuvor die Zustimmung der Gemeindeältesten einholen müsse. „Das kann mehrere Tage dauern", fügte er hinzu, „und in der Zwischenzeit kann viel passieren."
„Ja", seufzte ich, „es wird sich auf jeden Fall herumsprechen." Voll Verzweiflung überflog ich in Gedanken noch einmal alle Möglichkeiten.
Dann erzählte Ken mir etwas Erstaunliches. Mitten in der Nacht hatte er eine Männerstimme gehört, die ihm befahl, Seite 654 in seiner Bibel aufzuschlagen. Welch seltsame Art, auf eine Bibelstelle hinzuweisen, dachte er. Es handelte sich um Hiob 13, und die Verse, die für mich bestimmt schienen, stachen ihm geradezu in die Augen:

> „Wozu nehme ich mein Fleisch in meine Zähne und mein Leben in meine Hand? Obwohl er mich tötet, will ich ihm dennoch vertrauen." (Hiob 13,14)

War ich dazu bereit? War mein Vertrauen so groß? Ich stand auf und nahm Kens Arm. „Bitte, taufe mich jetzt gleich. Selbst wenn Er mich tötet, bin ich bereit. Ohnehin bin ich im Himmel bei meinem Herrn besser aufgehoben."
Ich ließ mich in einen Stuhl fallen und sah entschuldigend zu ihm auf. „Es tut mir leid, Ken, ich rege mich zu sehr auf. Aber eines weiß ich: Der Herr hat gesagt, ich solle mich *sofort* taufen lassen. Ich frage Sie daher noch einmal: Werden Sie mir helfen oder nicht?"

Ken setzte sich zurück und strich sich mit der Hand durch das hellbraune Haar. „Natürlich", sagte er, „gehen wir doch zu den Mitchells und sehen wir, ob nicht doch etwas zu machen ist."

Wir fuhren durch die winkligen Straßen von Wah zurück. Eine Zeitlang saßen wir bei den Mitchells in stillem Gebet zusammen. Dann seufzte Ken tief, beugte sich vor und sprach zu uns. „Ich glaube, wir wissen alle, daß Gott Bilquis bisher auf ganz ungewöhnliche Weise angesprochen hat. Und wenn sie darauf besteht, daß ihre Ungeduld, sich taufen zu lassen, von Gott kommt, dann wollen wir ihr kein Hindernis sein." Er wandte sich an David: „Ihr fahrt nach Abbottabad. Können Marie und ich Bilquis heute nicht mitnehmen? Wir könnten uns dann mit euch und Synnove treffen und alles für Bilquis' Taufe heute nachmittag vorbereiten. Lassen wir das mit Peshawar."

Plötzlich schien alles geklärt, und wir begannnen mit den Vorbereitungen. Ich eilte nach Hause und ließ mir von Raisham eine zweite Garnitur Kleider einpacken. „Etwas, das Wasser verträgt", hatte Ken gemeint. „Sie werden es brauchen."

Ich versuchte, in der Bibel zu lesen, war aber so voller Freude, daß ich mich nicht konzentrieren konnte.

Wieder empfand ich Seine Gegenwart, wie immer, wenn ich Seinem Wort gehorsam war.

„Begum Sahib, Begum Sahib!"

Ich sah auf. Es war Raisham. Die Olds warteten auf mich.

Ich sagte Mahmud, daß ich für ein paar Stunden wegfahren würde. Es erschien mir ratsam, ihn nicht allzusehr in ein Geschehen hineinzuziehen, das unangenehme Folgen haben könnte. Dann ging ich hinunter zu Ken und Marie.

Wir fuhren zwei Stunden bis nach Abbottabad. Pinien und Fichten säumten die Straße. Während der Fahrt erzählte ich, wie wir bei Familienausflügen mit hochbepackten Autos dieselbe Straße entlanggefahren waren. Ich fragte mich im stillen, ob dieser alte Brauch wohl unter den neuen Gegebenheiten fortgesetzt werden könnte.

Als wir bei der Mission eintrafen, warteten die Mitchells schon auf uns. Ein kanadischer Arzt und seine Frau, Bob und Madelaine Blanchard, waren unsere Gastgeber. Bei ihnen stand auch ein Pakistani. „Dieser Herr ist Padri Bahadur", sagte Synnove, „der Pastor, der Sie taufen wird."

Ich blickte in die Runde. Außer den bereits Genannten waren noch ein anglikanischer Arzt und ein zweiter pakistanischer Pastor anwesend.

„Vielleicht hat das eine prophetische Bedeutung, Bilquis", sagte Synnove. „Vielleicht kommen viele Christen durch Sie einander näher, denn es ist sicher das erste Mal in Pakistan, daß Baptisten, Presbyterianer und Anglikaner sich zu einer gemeinsamen Taufe zusammenfinden."

Der Raum hatte etwas Geheimnisvolles. Türen wurden geschlossen, Vorhänge zugezogen, und ich hatte das Gefühl, in die Zeit der Urchristen zurückversetzt zu sein, in der diese ihre Tauffeiern in den unterirdischen Katakomben Roms vollzogen hatten.

Als wir uns auf die Zeremonie vorbereiteten, blickte ich mich um und fragte: „Aber wo ist denn das Becken?" Es stellte sich heraus, daß es keines gab. Ken sagte, ich würde wohl mit Wasser besprengt werden.

„Aber Jesus wurde doch im Jordan untergetaucht", sagte ich.

Kurz vor unserer Ankunft auf der Missionsstation hatten wir einen Fluß überquert. „Warum gehen wir nicht zum Fluß zurück?" fragte ich, aber dann fiel mir ein, wie kalt es draußen war, und daß auch andere mit ins Wasser gehen müßten. Da bestand ich nicht darauf.

Nach der Zeremonie sah ich Tränen in den Augen der Anwesenden. „Sie ermutigen mich aber nicht gerade mit Ihren Tränen", meinte ich lachend.
„Ach Bilquis", schluchzte Synnove, und sie kam auf mich zu und fiel mir um den Hals. Sie konnte nicht weitersprechen.
„Herzlichen Glückwunsch!" sagten sie alle. Synnove sang einen Choral, Ken las aus der Bibel vor, und dann war es auch schon Zeit, sich wieder auf den Heimweg zu machen.
Es war eine ruhige Fahrt, ohne Angst und Furcht. Wie schön war es doch, mit Christen zusammenzusein! Nach herzlichem Abschied betrat ich schließlich wieder mein Haus.
Sobald ich die Schwelle übertrat, war die friedliche Stimmung gewichen. Ich spürte eine seltsame Unruhe, und da kam auch meine Haushälterin schon ängstlich auf mich zu und sagte, meine Familie habe nach mir gefragt.
„Begum Sahib, sie wissen, daß Sie Kontakte mit Christen haben . . ."
Ich erhob die Hand. „Ruhe jetzt!" befahl ich, dem Redeschwall Einhalt gebietend. „Sag mir, wer gekommen ist."
Während die Haushälterin die Namen derer, die heute in mein Haus gekommen waren, aufzählte, ergriff mich neue Furcht. Es handelte sich um ältere Verwandte – Onkel, ältere Vettern und Tanten – Verwandte, die mich nur bei äußerst wichtigen Anlässen aufsuchen würden.
Ich war bedrückt. An jenem Abend saß ich mit Mahmud zusammen und versuchte, meine Ängste zu verbergen, aber sobald er zu Bett gegangen war, zog ich mich in mein Zimmer zurück.
Ich blickte aus dem Fenster; es schneite jetzt nicht mehr, und im kalten Licht des winterlichen Mondes erkannte ich die Umrisse meines geliebten Gartens. Um mich fühlte ich die Behaglichkeit des alten Hauses, das ich so sehr liebte, mein Heiligtum, meine Zuflucht.

Und jetzt? Würde ich mein Heim überhaupt behalten können? Das war ein seltsamer Gedanke, denn Familie, Geld und Prestige waren mir immer sicher gewesen. Doch hatte ich das undeutliche Empfinden, dieser Gedanke könne zukunftsweisend sein. Die gegen mich gerichteten Kräfte begannen jetzt bereits, sich meiner Familie zu bemächtigen.
Ein gut Teil meiner „Macht" und meiner „Sicherheit" lag bei meiner Familie. Was würde geschehen, wenn diese sich als Gesamtheit gegen mich stellen würde?
Bestimmt war das der Grund dafür, daß der Herr so sehr auf meiner sofortigen Taufe bestanden hatte. Er kannte mich. Er wußte, wo ich am leichtesten verwundbar war.
Ich stand noch immer am Fenster, wo die Schatten der rauschenden Bäume miteinander spielten.
„O Herr", betete ich, „bitte laß sie nicht alle auf einmal, sondern einen nach dem anderen auf mich zukommen."
Ich hatte die Worte kaum ausgesprochen, als es klopfte. Das Mädchen von unten überbrachte mir ein Päckchen. „Das ist eben für Sie abgegeben worden", sagte sie. Ungeduldig riß ich das Papier auf und fand eine Bibel darin. Sie trug die Widmung: „Für unsere liebe Schwester an ihrem Geburtstag." Darunter stand „Ken und Marie Old".
Ich drückte sie ans Herz und dankte Gott für diese treuen Freunde. Dann schlug ich die Bibel auf, und mein Blick fiel auf die Worte:

„Ich werde sie in alle Welt zerstreuen . . ."

Damals war die Bedeutung dieser Worte für mich noch ein Geheimnis.

8. War Bewahrung mit im Spiel?

Am nächsten Morgen erwachte ich voller Besorgnis. Heute würden die Familienmitglieder wiederkommen, entweder alle auf einmal oder nacheinander. So oder so fürchtete ich die Auseinandersetzung mit ihnen. Ich fürchtete die Anschuldigungen, die zornigen Warnungen und Drohungen, die mit Sicherheit kommen würden. Vor allem schmerzte es mich aber, sie verletzen zu müssen.

Ich war nicht gänzlich davon überzeugt, daß Gott meiner Bitte nachgeben würde; ich ließ Raisham meine kostbarsten Saris hervorsuchen, wählte den schönsten davon aus, bestellte dem Tordiener, daß ich mich freuen würde, heute alle Besucher zu empfangen, und ging dann ins Empfangszimmer. Dort saß ich in einem weißseidenen Sessel und las, während Mahmud mit seinen kleinen Autos spielte und sie auf dem Muster des großen Perserteppichs umherfahren ließ.

Die riesige, handgeschnitzte Uhr in der Eingangshalle schlug zehn, elf und schließlich zwölf Uhr mittags.

Das Mittagessen wurde serviert, und während Mahmud seinen Mittagsschlaf hielt, wartete ich weiter. Schließlich hörte ich um drei Uhr ein Auto vorfahren. Ich stählte mich schon für die Schlacht, da fuhr das Auto wieder weg! Was war los? Ich fragte das Mädchen, und sie sagte, es sei nur eine Bestellung abgegeben worden.

Der Abend verdunkelte die hohen Fenster des Wohnzimmers, und oben an der Decke begannen sich die Schatten zu verdichten.

Dann kam ein Telefongespräch für mich. Ich sah auf die Uhr – es war sieben. Riefen sie an, anstatt selber zu kommen? Ich nahm den Hörer ab und vernahm die sanfte und mir so wohlbekannte Stimme von Marie Old. Sie klang ziemlich beunruhigt. Meine Bekehrung hatte sich gewiß schon herumgesprochen, wie die gestrige Verwandten-Invasion zeigte. Warum also die Besorgnis?

„Ist alles in Ordnung?“ fragte Marie. „Ich habe mir schon Sorgen gemacht.“

Ich versicherte ihr, daß es mir gut ginge. Sobald ich den Hörer aufgelegt hatte, ließ ich mir mein Umschlagtuch bringen und bestellte den Wagen. In dieser Jahreszeit pflegte meine Familie nach acht Uhr keine Besuche mehr zu machen, da konnte ich beruhigt ausfahren. Seltsam, daß kein einziger Verwandter angerufen oder vorbeigeschaut hatte.

Ich brauchte jetzt Trost von Mitgliedern meiner christlichen Familie. Die Olds? Warum hatte Marie so geheimnisvoll getan? Ich fuhr zum Haus der Olds und war überrascht, es unbeleuchtet zu finden.

Und dann, ganz unerwartet, ganz plötzlich, packte mich die Angst. Als ich vor dem Gartentor stand, spürte ich, wie die Furcht über mich kam und mit eiskalten Fingern nach mir griff. Aus dem Dunkel des Gartens kamen finstere Gedanken auf mich zu.

Es war aber auch dumm von mir gewesen, nachts allein herzukommen!

Was war der dunkle Schatten dort hinten? Mein Herz klopfte zum Zerspringen.

Ich wandte mich um und wollte zum Wagen flüchten. Und dann hielt ich inne. Nein! So durfte ich nicht handeln. Wenn ich zu Gottes Königreich gehörte, dann hatte ich auch ein Recht auf des Königs Schutz. Während ich noch immer in der Dunkelheit stand, die mir Furcht einflößte, übergab ich mich

ganz bewußt in die Hände des Königs. Immer wieder rief ich den Namen Jesus an, und zu meinem Erstaunen schwand die Angst. So rasch wie sie gekommen war, ging sie auch wieder. Ich war frei!
Fast lächelnd wandte ich mich jetzt dem Oldschen Haus zu. Nach ein paar Schritten sah ich einen Lichtschimmer zwischen zugezogenen Vorhängen. Ich klopfte.
Die Tür wurde langsam geöffnet. Es war Marie. Als sie mich sah, atmete sie erleichtert auf, zog mich rasch ins Haus und umarmte mich.
„Ken, Ken!" rief sie.
Sofort war er da. „Gott sei Dank!" rief er aus. „Wir haben uns schon solche Sorgen gemacht." Ken erzählte, der pakistanische Pfarrer habe sich nach meiner Taufe sehr besorgt gezeigt und ihnen gesagt, sie dürften mich nicht alleinlassen.
„Ach so, darum waren Sie am Telefon so besorgt, Marie!" Ich unterdrückte ein nervöses Lachen. „Nun, ich denke, das ganze Land wird in Kürze von meiner Bekehrung erfahren haben, aber trotzdem vielen Dank. Bisher ist nichts geschehen. Nicht einmal meine Familie ist aufgetaucht, und Sie können sich gar nicht vorstellen, wie dankbar ich für diese Gebetserhörung bin."
„Kommt, wir wollen Gott danken", sagte Ken, und so knieten wir drei in ihrem Wohnzimmer nieder. Ken dankte Gott für den Schutz, den Er mir gewährt hatte, und bat Ihn, auch weiterhin über mir zu wachen.
Dann kehrte ich nach Hause zurück und war um einiges reicher; ich hatte meine Angst mit Gottes Hilfe und im Namen Jesu besiegt. Meine Dienstboten versicherten mir, daß das Telefon den ganzen Abend über nicht ein einziges Mal geläutet hätte. „Na, ja", dachte ich, als ich mich zum Schlafengehen vorbereitete, „mal sehen, was der nächste Tag bringt."
Wieder wartete ich den ganzen Tag über im Wohnzimmer. Ich

betete, dachte nach und studierte die Muster der Fliesen und Teppiche auf dem Fußboden.

Doch es meldete sich niemand.

Was war los? Spielten wir miteinander Katze und Maus? Und dann kam ich auf den Gedanken, mich bei meinen Dienstboten zu erkundigen. Wenn man in Pakistan etwas erfahren will, braucht man bloß einen Hausangestellten zu fragen. Durch Flüsterpropaganda wissen sie alles über jeden. Schließlich nagelte ich Nur-jan fest. „Sag mir, was ist bloß mit meiner Familie los?"

„Oh, Begum Sahib", antwortete sie, ein nervöses Kichern unterdrückend, „etwas Komisches ist geschehen. Alle schienen plötzlich etwas Wichtiges zu tun zu haben. Ihr Bruder mußte zum alljährlichen Cricket-Winterturnier fahren." Ich lächelte; für meinen Bruder war Cricket wichtiger als eine Schwester, die sich auf dem Weg zur Hölle befand. „Ihr Onkel Fateh hatte einen wichtigen Gerichtsfall, der ihn zwang, in eine andere Provinz zu reisen; Ihre Tante Amina mußte plötzlich nach Lahore; zwei Ihrer Vettern wurden geschäftlich aus der Stadt abberufen, und . . ."

Ich gebot ihr Einhalt; sie brauchte mir nichts mehr zu erzählen. Der Herr hatte gesagt, Er würde sie zerstreuen, und Er hatte sie zerstreut. Ich konnte meinen Herrn beinahe lachen hören. Es bedeutete nicht, daß meine besorgten Verwandten mich in Ruhe lassen würden, da war ich ziemlich sicher; aber jetzt würden sie wenigstens einzeln kommen.

Und so war es auch. Der erste Sendbote war Tante Amina, eine königliche Dame in den Siebzigern, deren orientalische Schönheit in meinem westlich möblierten Wohnzimmer immer etwas fehl am Platz wirkte. Wir hatten seit Jahren ein enges, liebevolles Vertrauensverhältnis zueinander. Als sie jetzt hereinschritt, war ihr magnolienfarbener Teint blasser als sonst, und ihre grauen Augen blickten mich traurig an.

Wir plauderten ein wenig. Dann merkte ich, daß sie endlich zur Sache kommen wollte. Sie räusperte sich, lehnte sich zurück und fragte möglichst beiläufig: „– Bilquis . . . äh . . . ich habe gehört . . ., du seist Christin geworden. Stimmt das?“
Ich lächelte sie nur an.
Sie rutschte unruhig auf ihrem Stuhl hin und her und fuhr dann fort: „Ich dachte, die Leute würden falsche Gerüchte über dich verbreiten.“ Sie zögerte, und ihre sanften Augen flehten mich an, ihr zu sagen, daß es nicht wahr sei.
„Es ist keine Lüge, Tante Amina“, sagte ich. „Ich habe mich Christus völlig übergeben und mich taufen lassen. Ich bin jetzt Christin.“
Sie verbarg ihr Gesicht in ihren Händen. „Da hast du einen großen Fehler gemacht!“ rief sie. Einen Augenblick saß sie ganz still da, unfähig, noch etwas hinzuzufügen. Dann legte sie langsam ihren Schal wieder um, erhob sich und verließ mit kalter Würde mein Haus.
Das war ein großer Schlag für mich, doch bat ich den Herrn, sie zu beschützen und ihren Schmerz zu lindern. Ich wußte, ich mußte noch für meine Familie beten lernen, denn sonst würde ich eine ganze Schar von verletzten Lieben hinter mir lassen. „Herr“, sagte ich, „das Ideale wäre, wenn es bei jedem einzelnen von diesen Menschen zu einer Begegnung mit Dir käme. Aber ich weiß, daß Du sie auch dann liebst, wenn sie nicht bekehrt sind, und ich bitte Dich jetzt, daß Du alle meine Lieben mit Deinem Segen berührst, als erstes vielleicht Tante Amina. Danke, Herr!“
Am nächsten Tag mußte ich das gleiche Gebet wieder sprechen. Diesmal galt es Aslam, einem älteren Vetter, der mich besuchen kam. Er war Rechtsanwalt und wohnte 45 Meilen außerhalb von Wah. Als Sohn meines Onkels väterlicherseits hatte er viele Charakterzüge meines Vaters geerbt – dasselbe

warme Lächeln, denselben freundlichen Humor. Ich hatte Aslam gerne. Aus seiner Haltung schloß ich, daß er gar nicht genau darüber informiert war, um welches Problem es ging. Wir wechselten ein paar belanglose Worte, dann sagte Aslam: „Wann findet das Familientreffen statt? Ich hole dich ab, dann gehen wir zusammen hin."

Ich lächelte in mich hinein. „Ich weiß nicht, wann das Treffen stattfindet, Aslam, aber ich weiß, daß ich nicht dazu eingeladen werde, weil es dabei um mich geht", sagte ich.

Er sah so verdutzt aus, daß ich ihm erst einmal alles erklären mußte. „Aber geh du doch bitte zu dem Treffen, Aslam", sagte ich, als ich geendet hatte. „Vielleicht kannst du ein gutes Wort für mich einlegen."

Ich sah ihm traurig nach, als er das Haus verließ; offensichtlich näherten wir uns einem Höhepunkt, dachte ich. Ich sollte lieber sobald wie möglich nach Rawalpindi und Lahore reisen. Ich wollte nicht, daß Tooni und meinem Sohn Khalid entstellte Berichte über mich zu Ohren kamen. Wegen meiner Tochter Khalida konnte ich persönlich gar nichts unternehmen, da sie in Afrika lebte. Aber Khalid und Tooni konnte ich mich stellen. Gleich am nächsten Tag machte ich mich auf nach Lahore. Khalid verdiente gut in seinem Geschäft, und sein Heim spiegelte diesen Wohlstand wider. Er besaß einen entzückenden Bungalow in der Stadt, der von einer weitläufigen Veranda und einem sorgfältig gepflegten Rasen umgeben war.

Wir fuhren durch das Tor, parkten vor dem Eingang und gingen dann zu der breiten Veranda hinauf. Khalid, der durch die Familie und ein langes Telefongespräch mit mir durchaus auf dem laufenden war, eilte mir entgegen. „Mutter, wie schön, daß du kommst", sagte er; ich hörte aus seinem Willkommensgruß eine leichte Verlegenheit heraus. Wir sprachen den ganzen Nachmittag über meine Entscheidung, aber als wir fertig waren, wußte ich, daß Khalid mich absolut nicht verstanden hatte.

Als nächstes mußte ich Tooni besuchen. Ich fuhr nach Rawalpindi und ging direkt ins Hospital. Ich bat jemanden, er möchte mir Tooni einen Augenblick herausschicken. Und während ich wartete, überlegte ich mir, wie ich es ihr beibringen sollte. Zweifellos hatte sie bereits etwas erfahren. Sie hatte sicher als erste bemerkt, daß ich die Bibel las. Es war sogar möglich, daß sie Bruchstücke meiner Unterhaltung mit der katholischen Nonne, Frau Dr. Santiago, mitbekommen hatte, die in diesem Hospital am Tage vor Mahmuds Einlieferung stattgefunden hatte. Eines wußte sie aber sicherlich nicht: wie entscheidend jenes Gespräch mit Frau Dr. Santiago für mein Leben gewesen war, denn diese kleine Nonne war es ja gewesen, die mich dazu ermutigt hatte, zu Gott als zu meinem Vater zu beten.

„Mutter!“ Ich blickte auf und sah Tooni auf mich zueilen; ihr kastanienbraunes Haar bildete einen auffallenden Kontrast zu ihrem weißgestärkten Arztkittel, als sie strahlend und mit ausgebreiteten Armen auf mich zukam.

Ich stand auf, mein Herz klopfte bis zum Hals. Wie sollte ich es ihr nur sagen! Ich versuchte vorsichtig, einen Weg zu finden, aber die Angst vor Toonis Reaktion überwältigte mich. Und so platzte ich einfach heraus: „Tooni, mach dich auf einen Schock gefaßt, mein Liebling. Vor zwei Tagen habe ich . . . habe ich mich taufen lassen.“

Tooni erstarrte, zog die schon vorgestreckte Hand zurück und brach in Tränen aus. Sie ließ sich auf die Couch neben mir fallen. „Ich dachte mir, daß es dazu kommen würde“, sagte sie so leise, daß ich es kaum verstehen konnte.

Ich versuchte sie zu trösten, aber es gelang mir nicht. „Es hat keinen Zweck, daß ich heute noch zu arbeiten versuche“, sagte Tooni. Sie ließ sich daher entschuldigen und fuhr mit mir in ihre Wohnung. Als sie die Tür aufschloß, klingelte bei ihr das Telefon; sie eilte hinein, nahm den Hörer ab und wandte sich zu mir: „Es ist Nina." Das war eine Nichte, die ebenfalls in Rawalpindi lebte. „Sie will wissen, ob es wahr ist." Sie wandte sich wieder dem Telefon zu, da Nina anscheinend weitersprach; sogar ich konnte an der Stimme hören, wie erregt sie war. Dann sagte Tooni leise: „Ja, es ist wahr, Nina. Sie hat es getan." Nina hatte wohl abrupt aufgelegt, denn Tooni nahm den Hörer vom Ohr, starrte ihn an, zuckte die Achseln und legte ihn langsam auf die Gabel zurück. Am besten war es, wenn ich ihr Zeit zum Nachdenken ließ. So nahm ich meine Sachen und verabschiedete mich.

„Komm mich besuchen, Liebling, sobald du kannst", sagte ich. „Wir wollen miteinander reden." Tooni hinderte mich mit keinem Wort am Gehen, daher dauerte es nicht lange, bis ich wieder auf der Grand Trunk Road war und meinem Heim zusteuerte. Sobald ich ankam, drängten sich meine Dienstboten um mich. Nur-jan rang ihre ungeschickten Hände, und sogar Raishams Gesicht war blasser als gewöhnlich. Den ganzen Tag über hatte das Telefon geläutet, und seit dem frühen Morgen waren pausenlos Verwandte erschienen und hatten nach mir gefragt. Noch während ich mit den Dienstboten sprach, klingelte das Telefon wieder. Es war mein Schwager Jamil, der Mann meiner Schwester, der bei einer britischen Ölfirma arbeitete. Ich hatte Jamil immer für einen Mann von Welt gehalten, aber jetzt klang seine Stimme nicht sehr selbstsicher.

„Bilquis, ich habe die seltsamsten Dinge über dich gehört. Ich kann es einfach nicht glauben", sagte er ohne große Umschweife. „Ein Geschäftsfreund sagte mir, er hätte gehört, du seist Christin geworden. Natürlich habe ich ihn ausgelacht und ihm versichert, daß das niemals geschehen könnte."

Es sprach sich wirklich rasch herum. Ich sagte nichts.

„Bilquis!“ Jamils Stimme wurde eindringlicher. „Hast du mich verstanden?“
„Ja.“
„Diese Geschichte ist doch nicht wahr, oder?“
„Doch.“
Stille. Dann: „Das ist ja allerhand!“ schimpfte Jamil. „Du hast mehr verloren, als du glaubst. Und wofür? Für einen neuen religiösen Standpunkt. Weiter nichts.“ Damit hängte er ein.
Zehn Minuten später schluchzte Tooni ins Telefon.
„Mama, Onkel Nawaz rief eben an und sagte, Mahmuds Vater kann das Kind jetzt zurückfordern. Nawaz sagt, daß kein Gericht dir erlauben wird, ihn zu behalten!“
Ich versuchte sie zu trösten, aber sie hängte schluchzend ein.
Am späten Abend aß ich mit Mahmud in meinem Zimmer, als Tooni und zwei meiner Nichten eintrafen. Ich erschrak über ihr aschgraues Aussehen.
„Bitte setzt euch und eßt mit“, sagte ich. „Ich lasse euch das Essen hierherbringen.“
Tooni und meine Nichten rührten ihr Abendessen kaum an. Ich freute mich, die beiden jungen Mädchen zu sehen, aber es war deutlich zu merken, daß sie sich gar nicht freuten. Die Unterhaltung war stockend, und die drei Besucherinnen machten indirekte Anspielungen, daß Mahmud doch spielen gehen sollte. Erst als er schließlich gegangen war, beugte sich eine meiner Nichten ängstlich vor und meinte:
„Tantchen, weißt du denn auch, was das für *andere* Leute bedeutet?“ Sie brach in Tränen aus. „Hast du denn an andere überhaupt gedacht?“ Ihre Frage war auch in den braunen Augen meiner zweiten Nichte zu lesen, die mir schweigend gegenübersaß.
Ich nahm die schmale Hand des Mädchens in die meine. „Mein

Liebes", sagte ich bekümmert, „ich kann nichts anderes tun als gehorsam sein."
Tooni schaute mich jetzt aus tränenüberströmten Augen an; sie schien kein Wort von dem, was ich sagte, gehört zu haben, denn sie flehte: „Mutter, pack deine Sachen und geh weg. Geh, solange du noch etwas . . . oder jemanden . . . mitnehmen kannst."
Ihre Stimme wurde lauter: „Weißt du, was die Leute sagen? Du wirst überfallen werden. Dein eigener Bruder kann sich gezwungen sehen, gegen dich vorzugehen!" Und dann sank sie schluchzend in sich zusammen. „Meine Freunde sagen, du wirst umgebracht werden, Mutter!"
„Es tut mir leid, Tooni, aber ich werde nicht weglaufen", antwortete ich leise. „Wenn ich jetzt weglaufe, dann werde ich mein Leben lang davonlaufen müssen." Entschlossen fügte ich hinzu: „Wenn Gott will, kann er mich auch in meinem eigenen Haus sehr gut beschützen. Und keiner, *keiner*", sagte ich, „wird mich hinausstoßen." Ich richtete mich in meinem Sessel auf und gefiel mir plötzlich in meiner dramatischen Rolle. „Sollen sie doch kommen und mich angreifen!" sagte ich selbstsicher.
Dann geschah etwas. Die warme, göttliche Nähe war von mir gewichen. Ich geriet fast in Panik, so daß ich die Stimmen um mich her kaum noch wahrnahm.
Plötzlich wurde mir klar, was geschehen war. Mein altes Ich, voller Stolz und Eigensinn, hatte die Oberhand bekommen. *Ich* entschied, was zu geschehen hatte, daß niemand mich aus meinem Hause stoßen würde.
Ich sank in meinen Sessel zurück und merkte dann, daß Tooni auf mich einredete.
„. . . also gut, Mutter", weinte sie. „Du bist also Christin geworden. Mußt du nun unbedingt auch zu einer christlichen Märtyrerin werden?" Sie kniete neben meinem Sessel nieder

und legte den Kopf auf meine Schulter. „Merkst du denn nicht, daß wir dich liebhaben?"

„Natürlich, Liebling, natürlich", murmelte ich, ihr Haar streichelnd. Im stillen bat ich Ihn für meinen Hochmut um Vergebung. Gleichgültig, wo Er mich hinschicken würde – ich wollte gehorchen, auch wenn das bedeutete, daß ich mein Heim verlassen mußte. Als ich das im Herzen ausgesprochen hatte, spürte ich die Nähe des Vaters wieder. Das Ganze hatte nur wenige Minuten gedauert, aber noch während die drei Frauen, die mir gegenübersaßen, weiterredeten, wurde mir klar, daß das Leben auf einer anderen Ebene ebenfalls weiterging. Der Herr war auch jetzt dabei, an mir zu arbeiten, mich zu lehren. Er war dabei, mir zu zeigen, wie ich in Seiner Nähe bleiben konnte.

„. . . dann machen wir es also so, ja?" Das war Toonis Stimme, und ich hatte keine Ahnung, wozu ich meine Zustimmung geben sollte. Zum Glück fuhr sie fort: „Wenn Mahmuds Vater kommt und ihn holen will, dann kannst du ihn zu mir bringen. Ich bin nicht Christin geworden", fügte sie spitz hinzu.

Schließlich beruhigten sich die drei etwas. Ich fragte sie, ob sie nicht über Nacht bleiben wollten, und sie stimmten zu. Als ich Tooni und meinen Nichten „Gute Nacht" sagte, dachte ich daran, wie sehr sich unsere Rollen gewandelt hatten. Einst war ich so gönnerhaft besorgt gewesen um sie; jetzt waren wir alle umeinander besorgt. An jenem Abend betete ich: „Herr, es ist so schwer, mit einem Menschen zu sprechen, der nicht an Dich glaubt. Bitte hilf meiner Familie. Ich sorge mich so um das Wohl meiner Lieben."

Als ich einschlief, schien ich wieder meinem Körper entrückt. Ich stand auf einem grasbewachsenen Abhang, umgeben von Fichten. Neben mir sprudelte eine Quelle. Um mich waren Engel, und es waren so viele, daß sie einen Nebelschleier zu bilden schienen. Immer wieder hörte ich einen Namen: „Heiliger Michael!“ Die Engel gaben mir Mut. Und dann lag ich wieder in meinem Bett. Ich stand auf und schritt, noch immer von geistlicher Kraft erfüllt, zu Mahmuds Zimmer. Ich zeigte auf ihn, dann ging ich weiter in die Zimmer meiner Tochter und meiner Nichten und tat dasselbe. Dann ging ich in mein Schlafzimmer zurück und kniete nieder. „Herr“, betete ich, „Du hast mir schon so oft geantwortet – bitte zeig mir doch jetzt, was Du mit Mahmud vorhast. Ich würde Tooni gerne beruhigen.“

Ich hatte das Bedürfnis, meine Bibel aufzuschlagen und fand folgende Stelle: 1. Mose 22,12: „Lege deine Hand nicht an den Knaben und tu ihm nichts . . .“

„Oh, danke, Vater“, seufzte ich.

Beim Frühstück konnte ich Tooni beruhigen. „Liebling, deinem Sohn wird nichts zustoßen; du brauchst dir keine Sorgen zu machen.“ Ich zeigte ihr die mir gegebene Schriftstelle. Ich weiß nicht, ob mein Glaube ansteckend wirkte oder Tooni vom Heiligen Geist berührt wurde; aber ihr Gesicht entspannte sich, und zum ersten Mal seit zwei Tagen lächelte sie wieder.

Meine Tochter und meine Nichten verließen das Haus an jenem Tag etwas zuversichtlicher. Der Zustrom von anderen Verwandten und Freunden aber riß noch nicht ab.

Ein paar Tage später verkündete Raisham, unten warteten sieben Menschen auf mich, lauter liebe, besorgte Freunde. Ich wollte ihnen nicht ohne Mahmud gegenübertreten. Der Junge sollte wissen, was vor sich ging. Ich holte ihn also, und wir gingen gemeinsam ins Wohnzimmer hinunter. Steif und förmlich saßen sie auf ihren Stühlen. Nach dem Tee, dem Kuchen und der üblichen Plauderei räusperte sich einer der Anwesenden, und ich wappnete mich für das, was kommen würde.

„Bilquis", sagte ein Freund, den ich schon seit meiner Kindheit kannte, „wir haben dich gern, und wir haben über das nachgedacht, was du getan hast; wir wollen dir einen Vorschlag machen, der dir sicher weiterhelfen wird."

„Ja?"

Er beugte sich vor und lächelte. „Bekenne dich nicht in der Öffentlichkeit zu deinem neuen Glauben."

„Du meinst, ich soll ihn geheimhalten?"

„Nun ja . . ."

„Das kann ich nicht", sagte ich. „Ich kann nicht mit Gott scherzen. Wenn ich sterben muß, dann sterbe ich eben."

Alle sieben schienen auf mich zuzukommen. Ein alter Freund meines Vaters starrte mich an. Ich wollte schon böse zurückblicken, fing mich aber noch. Sie meinten es schließlich gut mit mir.

„Es tut mir leid", sagte ich, „ich kann einfach nicht tun, was ihr verlangt." Ich erklärte ihnen, daß mein Glaube in kurzer Zeit – etwas länger als einen Monat – das Wichtigste in meinem Leben geworden war. „Ich kann ihn nicht für mich behalten", sagte ich. Ich zitierte ihnen die Bibelstelle, wo der Herr sagt:

> „Wer mich bekennt vor den Menschen, den will ich auch bekennen vor meinem himmlischen Vater. Wer mich aber verleugnet vor den Menschen, den will ich auch verleugnen vor meinem himmlischen Vater."
>
> (Matthäus 10, 32–33)

„Aber", sagte ein älterer Herr, „du bist in einer ganz besonderen Situation. Ich bin sicher, dein Gott hätte nichts dagegen, wenn du dich still verhalten würdest. Er weiß ja, daß du an Ihn glaubst. Das genügt." Er zitierte die Koranstelle über die Abtrünnigkeit. „Wir haben Angst", sagte er, „daß dich jemand umbringen wird."

Ich lächelte, aber von meinen Gästen lächelte niemand mehr. Es war eine sinnlose Diskussion, das sahen sie jetzt ein. Als sie sich zum Gehen anschickten, stellten sie mir ein Ultimatum. „Denk daran, Bilquis – wenn du Schwierigkeiten bekommst, kann dir keiner von deinen Freunden oder Verwandten beistehen. Alle die, denen du am meisten am Herzen liegst, werden sich von dir abwenden müssen."

Ich nickte. Ich verstand ihre Worte nur zu gut. Jetzt wünschte ich, ich hätte Mahmud zum Spielen in den Garten hinausgeschickt, damit ihm das erspart geblieben wäre. Als ich ihn jedoch ansah, wie er auf seinem kleinen Stuhl neben mir saß, lächelte er nur. „Ist schon recht", schien er zu sagen.

Als die Besucher endlich gingen, waren sie den Tränen nahe. Eine enge Freundin meiner Mutter küßte mich. „Leb wohl", sagte sie. Sie wiederholte die beiden Worte mit einem seltsamen Tonfall.

Dann brach sie in Tränen aus, riß sich los und lief zur Tür hinaus.

Nachdem sie gegangen waren, erschien mir mein Haus wie ein Grab.

Selbst Mahmud wagte nicht, laut zu spielen.

Während der nächsten drei Wochen bestand das einzige Geräusch, das in meinem Haus zu hören war, im Geflüster der Dienstboten. Wären die Mitchells und die Olds und unsere sonntäglichen Treffen nicht gewesen, die Blockade hätte möglicherweise Erfolg gehabt.

Täglich wurde der Schlachtplan der Familie klarer erkennbar. Ich sah ihn im zornigen Gesicht eines Vetters, der mir auf dem Bazar begegnete. Ich fühlte ihn im verächtlichen Blick eines Neffen, der in Rawalpindi an mir vorüberging. Er lag in der kalten Stimme einer Tante, die mir telefonisch mitteilte, daß sie meiner Einladung zum Mittagessen nicht folgen könne. Der Boykott hatte begonnen. Mein Telefon blieb stumm, und niemand läutete am Tor.

Kein einziger Verwandter kam mich besuchen, nicht einmal,

um mir Vorhaltungen zu machen. Da fiel mir plötzlich ein Vers aus dem Koran wieder ein:

> „Wenn du auf den Glauben verzichten würdest, dann würdest du Böses im Lande tun und gegen die Blutbande verstoßen. Auf diese hat Allah einen Fluch gelegt und beraubt sie des Sehens und Hörens." (Sure 74,20)

Dies geschah auf eine sehr wirkliche Art und Weise. Ich hatte die Blutbande verletzt und würde von meiner Familie daher wohl nie mehr hören.

Die Dienstboten, die sonst schwatzend und lachend im Hause umhergegangen waren, schlichen bedrückt durch meine Räume. Sie brachten mir gegenüber kaum mehr über die Lippen als das gewohnte „Ja, Begum Sahib".

Und dann nahm der Boykott eines Morgens eine seltsame Wendung. Ich hörte ein leises Klicken an der Tür und sah dann Nur-jan still eintreten, um mir bei der Morgentoilette zu helfen. Sie war so ganz anders als sonst. Raisham schritt noch feierlicher herein als gewöhnlich. Sie machten sich wortlos an ihre Arbeit, und ich wunderte mich über den gequälten Ausdruck in ihren Gesichtern.

Ich wartete auf eine Erklärung, aber Nur-jan arbeitete schweigend weiter, ohne wie an anderen Tagen unbekümmert drauflos zu schwatzen. Raishams Gesicht war ernst. Schließlich sagte ich mit einem Anflug meiner früheren Heftigkeit in der Stimme: „Ich weiß, daß etwas nicht in Ordnung ist. Sagt es mir!"

Das Bürsten hörte auf, während sie erzählten. Außer Raisham, die jetzt vor mir stand, hatten alle meine christlichen Dienstboten einschließlich Manzur mein Haus mitten in der Nacht fluchtartig verlassen.

9. Der Boykott

Was bedeutete dieser Treuebruch? Vier Dienstboten liefen einfach davon! In einem Städtchen wie Wah, wo es wenige gutbezahlte Stellen gab, war ein solcher Entschluß schwer zu verstehen.

Es war natürlich Angst. Manzur fürchtete sich, weil ich ihn um eine Bibel gebeten und ihn veranlaßt hatte, mich zu christlichen Missionaren zu fahren. Die drei anderen christlichen Dienstboten hatten sich wohl von seiner Furcht anstecken lassen. Sie mußten das Grollen des Vulkans, der kurz vor dem Ausbruch stand, gehört haben und wollten nicht von den Lavamassen mitgerissen werden.

Aber was war mit Raisham, meinem christlichen Dienstmädchen, die jetzt wieder begann, meine Haare zu bürsten? Ich konnte fühlen, wie ihre anmutigen Hände bei der Arbeit zitterten.

„Und du?" fragte ich.

Sie biß sich auf die Lippen, während sie weiterbürstete. „Ich sollte wahrscheinlich auch nicht hierbleiben", sagte sie leise. „Es wird hier sehr . . ."

„Sehr einsam sein", ergänzte ich.

„Ja", sagte sie und schluckte, „und außerdem . . ."

„Außerdem hast du Angst. Wenn du gehen möchtest, Raisham, kann ich dir keinen Vorwurf machen. Du mußt dich selbst entscheiden, wie ich es auch getan habe. Wenn du aber bleibst, so denke daran, daß Jesus uns vorausgesagt hat, wir würden seinetwegen verfolgt."

Raisham nickte, ihre dunklen Augen waren feucht. Sie nahm eine Haarnadel aus dem Mund und begann, mir die Haare aufzustecken. „Ich weiß", sagte sie betrübt.

Raisham hüllte sich für den Rest des Tages in Schweigen. Mit ihrer besorgten Miene steckte sie Nur-jan an, die offensichtlich der Hysterie nahe war. Als ich am nächsten Morgen erwachte, konnte ich mich nur schwer dazu überwinden, die Glocke zu läuten. Wer würde jetzt noch dasein? Meine Schlafzimmertür öffnete sich langsam, und Nur-jan kam herein. Dann sah ich, daß in der Dunkelheit des Wintermorgens ein zweiter Schatten folgte – es war Raisham!

Später sagte ich ihr, wie sehr ich mich über ihr Bleiben freute. Sie errötete. „Begum Sahib Gi", antwortete sie sanft, das liebevolle dritte Grußwort anhängend, das soviel bedeutet wie „Mögen Sie lange leben! So wie Sie dem Herrn dienen, werde ich Ihnen dienen."

Als nun die übrigen christlichen Dienstboten fort waren, wurde mein Haus noch stiller; ich ersetzte sie auch nicht alle. Meine Ansprüche waren jetzt nicht mehr so hoch, da keiner von der Familie mich besuchen kam. Ich beschloß, eine Zeitlang keine Christen mehr einzustellen. Ich beschaffte mir einen neuen Chauffeur, einen Moslem namens Fazad, und einen moslemischen Küchengehilfen, und dabei blieb es. Ich freute mich, daß Mahmud fröhlich weiter in Haus und Garten spielte und ermunterte ihn, sich doch Freunde aus dem Dorf einzuladen. Diesen Vorschlag nahm Mahmud begeistert auf. Die meisten Kinder waren etwas älter, fünf oder sechs, während Mahmud gerade erst fünf war. Trotzdem war er immer ihr Anführer. Ich glaube, es lag nicht nur daran, daß er ihr Gastgeber war; seine Vorfahren hatten jahrhundertelang geherrscht, und dieses Erbe konnte er ebensowenig verleugnen wie seine klugen Augen. Wieviel von diesem Erbe setzte ich aufs Spiel? Inwieweit gefährdete ich die dem Jungen zustehende Bindung an die Familie? Erst gestern hatte er wieder gefragt, wann denn nun sein Vetter Karim ihn mit zum Angeln nehmen würde. Karim hatte versprochen, Mahmud zu zeigen, wie man die Forellen fängt, die unter den moosbe-

wachsenen Felsen in unserem Bach hindurchschlüpften; dieser Bach mündete später in den Fluß Tahmra.
„Mum", hatte Mahmud gefragt. „Wann kommt Karim endlich?" Ich sah die leuchtenden Augen des Jungen, und ich brachte es nicht übers Herz, ihm zu sagen, daß diese Angelpartie niemals stattfinden würde. Mahmud konnte sich bisher kaum zum christlichen Glauben hingezogen fühlen. Ich las ihm zwar biblische Geschichten vor, und er liebte sie so sehr, daß ich seine Schlafenszeit von acht auf halb acht vorverlegen mußte, damit wir genügend Zeit dafür fanden; aber was waren ein paar Geschichten im Vergleich zu einer Angelpartie! Und dann waren da die Freunde. Auch sie blieben nach und nach weg. Mahmud konnte das nicht begreifen, und als ich es ihm zu erklären versuchte, sah er mich fragend an.
„Mum", sagte er, „wen hast du lieber, mich oder Jesus?"
Was sollte ich da sagen? Vor allem jetzt, da er so einsam war. „Gott muß an erster Stelle stehen, Mahmud", sagte ich und umschrieb ihm damit die Aussage des Herrn, nach der wir nur dann wirklich Sein Eigentum sind, wenn wir die Familie hinter Ihn stellen. „Gott muß zuerst kommen", sagte ich, „auch noch vor den Menschen, die wir am meisten auf der Welt lieben."
Es schien, als nehme Mahmud das an. Es schien auch, als höre er zu, wenn ich ihm aus der Bibel vorlas. Als ich ihm einmal die Stelle vorgelesen hatte „Kommt her zu mir alle, die ihr mühselig und beladen seid, denn ich will euch Ruhe geben", hörte ich ihn vor seinem Mittagsschlaf bitten: „Jesus, ich liebe Dich und will zu Dir kommen, aber . . . bitte, gib mir keine Ruhe. Ich mag Ausruhen nicht." Er faltete auch die Hände und betete, aber ich wußte, daß es hart für ihn war, allein zu sein und mich einsam zu sehen. Kein Verwandter, kein Freund, kein Bekannter drehte von der großen Landstraße ab und fuhr auf unser Haus zu; nie mehr klingelte das Telefon.

Dann wurde ich aber eines Morgens um drei Uhr früh durch das Läuten meines Telefons aus dem Schlaf geschreckt. Mein Herz klopfte zum Zerspringen, als ich den Hörer abnahm. Niemand würde um diese Zeit anrufen, es sei denn wegen eines Todesfalles in der Familie. Ich nahm den Hörer ab und hörte zunächst nur schweres Atmen. Dann wurden drei Worte wie Steine auf mich geschleudert:

„Ungläubige . . . Ungläubige . . . Ungläubige!"

Dann wurde aufgelegt. Ich legte mich aufs Bett zurück. Wer war das gewesen? Einer der Fanatiker, vor denen meine Onkel mich immer wieder gewarnt hatten? Was hatten sie vor?

„O Herr, Du weißt, es macht mir nichts aus, wenn ich sterben muß, aber ich bin schrecklich feige. Ich kann keine Schmerzen ertragen. Du weißt, wie rasch ich ohnmächtig werde, wenn der Arzt mir eine Spritze gibt. Bitte, mach mich doch fähig, Schmerzen zu ertragen, wenn es notwendig wird." Meine Augen füllten sich mit Tränen. „Ich fürchte, ich habe nicht das Zeug zum Märtyrer, Herr. Es tut mir leid. Laß mich mit Dir durch alles hindurchgehen, was mir jetzt bevorsteht."

Als nächstes stand mir ein anonymer Drohbrief bevor.

„Sagen wir es deutlich. Es gibt nur ein Wort, dich zu beschreiben: Verräterin." Dann kam noch ein Brief, und nach kurzer Zeit ein weiterer. Sie enthielten alle Drohungen. Ich war eine Abtrünnige und würde als solche behandelt werden.

An einem Nachmittag im Frühsommer 1967, etwa sechs Monate nach meiner Bekehrung, stand ich in meinem Garten und zerdrückte eben einen solchen Brief in der Faust. Er war besonders bissig formuliert, und ich wurde darin nicht nur als Ungläubige, sondern auch als Verführerin der Gläubigen bezeichnet. Die wahren Gläubigen, so hieß es, müßten mich ausbrennen, so wie man faules Fleisch aus gesunden Gliedmaßen ausbrennt.

Mich ausbrennen? War das mehr als nur ein Bild? Ich schritt weiter in den Garten hinein, in dem jetzt Beete voller Tulpen, Hyazinthen und Steinkraut hervorleuchteten. Der Frühling war dem Sommer gewichen. Die Quitten blühten im Garten, und die letzten weißen Blütenblätter fielen von den Birnbäumen. Ich drehte mich um und blickte zu meinem Haus zurück.
„Sie werden es nicht wagen, mein Haus anzurühren!" rief ich im stillen aus. Sie würden doch keine Begum ausbrennen! Wie um mir zu bestätigen, daß ich nicht länger mit dem Schutz von Position und Wohlstand rechnen konnte, traf ein Besucher ein. Er wurde durch ein Dienstmädchen angemeldet.
„General Amar wünscht Sie zu sehen, Begum", sagte sie.
Mein Herz tat einen Freudensprung. Ich blickte durch das Gartentor. Tatsächlich! Da stand ein mir wohlvertrauter, olivgrüner Kommandantenwagen. General Amar war ein lieber, alter Freund aus meiner Armeezeit. Während des Zweiten Weltkrieges hatte ich mit ihm zusammen Dienst getan, und jetzt war er einer der führenden Generäle in der pakistanischen Armee. Wir waren all die Jahre miteinander in Verbindung geblieben, vor allem damals, als mein Mann Innenminister war und eng mit ihm zusammengearbeitet hatte. Kam auch er, um mich zu verurteilen?
Gleich darauf hörte ich seine Schritte auf dem Kiesweg, und er kam mir durch den Garten entgegen, geschniegelt und gebügelt in einer schmucken Khaki-Uniform, Reithosen und Lederstiefeln. Er nahm meine Hand, beugte sich darüber und küßte sie. Meine Sorge ließ nach; es sah nicht so aus, als sei er als Feind gekommen.
Er sah mich an, seine dunklen Augen zwinkerten lustig. Wie es seine Art war, kam er geradewegs zur Sache.
„Stimmt das, was die Leute sich erzählen?"
„Ja", sagte ich.
„Wie konnten Sie nur auf eine solche Idee verfallen!" rief er

aus. „Sie haben sich da in eine sehr gefährliche Situation gebracht. Ich habe sogar Gerüchte gehört, daß es Leute gibt, die Sie töten wollen!"

Ich sah ihn schweigend an.

„Na schön", fügte er hinzu und ließ sich auf einer Gartenbank nieder. „Wissen Sie, daß ich wie ein Bruder für Sie empfinde?"

„Ich hoffe es."

„Und daß ich mich als Bruder besonders für Sie verantwortlich fühle?"

„Ich hoffe auch das."

„Dann sollen Sie auch wissen, daß Ihnen mein Haus immer offensteht."

Ich lächelte. Es war das erste freundliche Wort, das ich seit langem vernommen hatte.

„Aber", fuhr der General fort, „eines müssen Sie wissen. Dieses Angebot ist ein ganz persönliches." Er griff nach einer Blüte, zog sie zu sich heran und roch daran, dann wandte er sich wieder mir zu. „Offiziell könnte ich nicht viel für Sie tun, Bilquis", sagte er.

„Ich weiß." Ich nahm die Hand des Generals. Dann standen wir auf und gingen durch den Garten zurück ins Haus. Während wir nebeneinander hergingen, sagte ich ihm, daß es nicht immer leicht für mich gewesen sei.

„Und es wird auch jetzt nicht leichter werden, meine Liebe", sagte mein Freund in seiner direkten Art. Später, nachdem ich im Wohnzimmer Tee bestellt hatte, fügte er mit einem fragenden Lächeln hinzu: „Sagen Sie mir, Bilquis, warum haben Sie das getan?"

Ich erklärte, was geschehen war, und merkte, daß General Amar mir aufmerksam zuhörte. Wie sonderbar! Ohne es zu merken, tat ich jetzt das, was die Missionare „Zeugnis ablegen" nannten. Ich erzählte einem Moslem von Christus, und noch dazu einem hohen Beamten! Und er hörte zu! Ich bezweifle, daß ich General Amar an jenem Nachmittag wirklich mit der Botschaft erreichte, aber immerhin war er in nachdenklicher Stimmung, als er sich eine halbe Stunde später von mir verabschiedete. Es dämmerte schon, und wieder preßte er seine Lippen auf meine Hand.

„Vergessen Sie nicht, Bilquis", sagte er mit heiserer Stimme, „sollten Sie je meine Hilfe brauchen . . . alles, was ich als Freund tun kann . . ."

„Danke, Amar", sagte ich.

Er drehte sich um, und seine Stiefelabsätze klickten über die Steinfliesen der Eingangshalle und hinaus in die Abenddämmerung, wo sein Kommandowagen auf ihn wartete. Und der einsame, sonderbar traurige Besuch war vorüber. Ob ich Amar wohl jemals wiedersehen würde?

Zum erstenmal während dieses Boykotts, als die anonymen Briefe und Anrufe und die Warnungen alter Freunde sich häuften, begriff ich nun, was es heißt, von Stunde zu Stunde zu leben. Es war das Gegenteil von sich sorgen. Es hieß warten und zusehen, was Er zulassen würde. Denn ich war überzeugt, daß nichts ohne Seine Zustimmung geschah. Ich wußte zum Beispiel, daß der Druck gegen mich noch stärker werden würde. Wenn das geschah, dann hatte er es zugelassen; und ich mußte Seine Nähe inmitten des scheinbaren Unheils suchen lernen. Ich wollte einfach von Stunde zu Stunde leben und nahe bei Ihm bleiben. Ja, das war der Schlüssel. Ich mußte lernen, in Seiner Gegenwart zu leben, damit, was auch geschah, und wann immer es geschah, ich noch in Ihm sein würde.

Mit zunehmendem Druck von seiten meiner Familie glaubte ich zu wissen, wie König David zumute gewesen war, als er vor seinem Sohn Absalom floh, seine Leier nahm und sang:

„Aber du, Herr, bist der Schild für mich, der mich zu

Ehren setzt und mein Haupt aufrichtet." (Psalm 3,3) Unter „Ehre" verstand er wohl die unaussprechliche Herrlichkeit, Freude und Seligkeit der Heiligen im Himmel.
Im Augenblick erschöpfte sich der Druck von seiten meiner Familie noch immer im Boykott. Nicht ein einziger Verwandter kam mich besuchen, nicht einmal, um mir Vorwürfe zu machen. Mit seltenen Ausnahmen hörte ich auch von meinen alten Freunden nichts. Das Getuschel im Dorf ging weiter, ebenso der absichtliche Ausschluß von großen Familienereignissen: Geburten, Sterbefällen, Hochzeiten. Immer, wenn ich mich länger mit der Einsamkeit befaßte, die daraus erwuchs, spürte ich, wie Gottes Gegenwart von mir wich, und sogleich zwang ich mich, an die Augenblicke zu denken, in denen auch Jesus sich einsam gefühlt hatte.
Es half. Ich merkte jedoch, und wunderte mich ein wenig darüber, daß mir ganz einfach Gemeinschaft fehlte. Ich, die ich immer so zurückgezogen gelebt hatte, brauchte jetzt menschliche Nähe. Nicht einmal die Olds und die Mitchells besuchten mich mehr. Ich hatte ihnen um ihrer eigenen Sicherheit willen geraten, mich nicht mehr aufzusuchen.
An einem grauverhangenen Nachmittag zog ich mich in mein Zimmer zurück, um die Bibel zu lesen. Es war ungewöhnlich kalt für die frühsommerliche Jahreszeit. Ein scharfer Wind rüttelte an den Fenstern. Als ich zu lesen begann, fühlte ich Wärme auf meiner Hand, und als ich hinschaute, sah ich ein Fleckchen Sonnenlicht auf meinem Arm. Ich blickte aus dem Fenster und sah die Sonne eben noch hinter den Wolken verschwinden. Es war, als habe sich der Herr einen Augenblick lang herabgebeugt und tröstend meine Hand berührt.
Ich blickte auf. „Ach Herr", sagte ich. „Ich bin so allein. Bitte schick mir doch heute jemanden, mit dem ich sprechen kann."

Ich schämte mich ein wenig, weil ich mit einer so kindischen Bitte zu Ihm kam und wandte mich wieder der Bibel zu. Schließlich war der Herr mir doch nahe. Damit sollte ich mich zufriedengeben. Aber nach einer Weile erschrak ich durch ein eigenartiges Geräusch im Haus – eigenartig deshalb, weil ich es so lange vermißt hatte. Unten waren Stimmen zu hören.
Ich warf mein Gewand über und hastete in die Halle, wo mir Nur-jan eben atemlos entgegenkam. „Oh, Begum Sahib, stellen Sie sich vor, die Olds sind da!“
„Gott sei gelobt“, rief ich aus, und eilte ihnen entgegen. Natürlich sah ich Ken und Marie sonntagabends in ihrem Haus, aber dieser Besuch mitten in der Woche war etwas Besonderes. Marie lief auf mich zu und nahm meine Hand.
„Wir mußten Sie einfach besuchen, Bilquis“, sagte sie, und ihre blauen Augen strahlten. „Eigentlich haben wir gar keinen Grund, nur eben, daß wir gerne mit Ihnen zusammensind.“
Wie freute ich mich über den Besuch! Während wir miteinander redeten, wurde mir klar, daß es falsch gewesen war, niemanden mehr herzubitten. Mein Stolz hatte mich davon abgehalten, zuzugeben, daß ich Kontakte brauchte. Plötzlich hatte ich einen Einfall. Warum nicht Leute sonntags zu Zusammenkünften in mein Haus einladen?
Aber bedeutete das nicht, Öl ins Feuer zu schütten?
Ich versuchte, die Idee im Keim zu ersticken, aber sie wollte nicht weichen. Als meine Freunde sich zum Gehen anschickten, sagte ich rasch:
„Würden Sie am Sonntagabend gerne hierher kommen?“
Die Olds sahen mich fast entsetzt an.
„Ich meine es ernst“, sagte ich. „Dieses alte Haus braucht neues Leben.“
Und so war die Sache abgemacht. Als ich mich an jenem Abend

zur Ruhe begab, dachte ich darüber nach, wie wunderbar der Herr doch für uns sorgte. Als mir meine Familie und meine Freunde genommen wurden, ersetzte Er sie mir durch Seine Familie und Seine Freunde. Ich schlief friedlich, und als ich erwachte, schien die Sonne warm in mein Zimmer. Ich stand auf, öffnete das Fenster und genoß die klare Morgenluft, die hereinströmte und den Geruch frischer Gartenerde mit sich brachte. Es war Sommer geworden.

Am Samstagnachmittag schon war das alte Haus mit Blumen geschmückt. Die Fußböden und Fenster wurden so lange geschrubbt, bis alles glänzte. Ich deutete Raisham gegenüber an, daß sie gerne teilnehmen könne, aber sie wurde verlegen; sie war noch nicht reif für solch einen kühnen Schritt, und ich wollte sie nicht drängen.

Der Sonntag zog sich träge dahin; ich war ständig damit beschäftigt, Mahmud vom Wohnzimmer fernzuhalten, den Perserteppich wieder glattzuziehen, die Blumen neu zurechtzurücken und hier und dort ein wenig Staub fortzuwischen. Endlich hörte ich, wie das Tor geöffnet wurde und Autos den Kiesweg herauffuhren.

Der Abend war genauso, wie ich ihn mir erhofft hatte – wir sangen und beteten und erzählten, was der Herr an uns getan hatte. Es waren nur zwölf, mit Mahmud dreizehn, die da gemütlich im Wohnzimmer beisammensaßen, aber ich hätte schwören können, daß noch tausend willkommene Gäste unsichtbar um uns waren.

Der Abend hatte noch einen anderen seltsamen Zweck, den ich nicht vorausgesehen hatte. Es stellte sich heraus, daß meine christlichen Freunde sehr besorgt um mich waren.

„Sind Sie auch vorsichtig genug?“ wollte Marie wissen.

„Na ja“, lachte ich, „viel kann ich ja nicht tun. Wenn mir jemand Schaden zufügen will, dann wird er sicher einen Weg finden.“

Ken blickte im Wohnzimmer umher und durch die hohen Glastüren in den Garten hinaus. „Sie haben hier wirklich nicht viel Schutz", sagte er. „Mir war bisher gar nicht klar, wie leicht man hier eindringen kann."

„Wie steht es mit Ihrem Schlafzimmer?" fragte Synnove.

Alle wollten einen Blick hineinwerfen, und so zogen wir nach oben. Ken bemängelte besonders die Fenster, die auf den Garten hinausgingen. Sie bestanden nur aus einer Glasscheibe und dem durchbrochenen Holzgitter davor. Er schüttelte den Kopf. „Das ist wirklich zu unsicher. Sie sollten etwas unternehmen, Bilquis. Lassen Sie ein schweres Gitter anbringen, sonst kommt ja jeder hier herein."

Ich sagte, ich wolle gleich am nächsten Tag das Nötige veranlassen.

Bildete ich es mir nur ein, oder verblaßte Seine Gegenwart wirklich, als ich ihm diese Zusage gab?

Schließlich verabschiedeten wir uns, und ich begab mich zu Bett; ich war glücklich wie seit langem nicht mehr. Als ich mich jedoch am nächsten Morgen daranmachte, nach dem Schlosser im Dorf zu schicken, spürte ich plötzlich wieder, wie Seine Gegenwart von mir wich.

War es, weil ich etwas tun wollte, was auf Furcht beruhte? Es schien tatsächlich, als halte Er mich jedesmal zurück, wenn ich den Schlosser bestellen wollte.

Und dann wurde mir klar, warum. Wenn es sich im Dorfe herumsprach, daß ich meine Fenster vergittern ließ, würde jeder merken, daß ich Angst hatte. Ich konnte mir ihre höhnischen Bemerkungen vorstellen: „Was für eine Religion ist denn dieses Christentum? Wenn man Christ wird, bekommt man also Angst?"

Nein, entschied ich. Ich würde meine Fenster nicht vergittern lassen.

An jenem Abend hatte ich beim Schlafengehen die Gewißheit,

daß ich richtig gehandelt hatte. Ich schlief sofort ein, aber plötzlich weckte mich ein Geräusch. Ich setzte mich erschrokken, aber ohne Furcht, im Bett auf. Ein atemberaubender Anblick bot sich mir.

Auf übernatürliche Weise sah ich durch die Zimmerwände hindurch meinen ganzen Garten. Er war von einem himmlischen weißen Licht überflutet. Ich sah jede Rosenblüte, jedes Baumblatt, jeden Grashalm, jeden Dorn. Es herrschte eine Atmosphäre ruhiger Gelassenheit im Garten. In meinem Herzen vernahm ich die Stimme meines himmlischen Vaters: „Du hast richtig gehandelt, Bilquis. Ich bin bei dir!"

Langsam verblaßte das Licht, und der Raum lag wieder im Dunkeln. Ich knipste mein Nachtlämpchen an, erhob die Hände und lobte Gott: „O Vater, wie kann ich Dir nur danken? Du sorgst Dich so um jeden einzelnen von uns."

Am nächsten Morgen rief ich alle meine Dienstboten zusammen und sagte ihnen, daß sie von nun an in ihren eigenen Wohnungen schlafen dürften, wenn sie wollten. Nur Mahmud und ich würden weiterhin in dem großen Haus schlafen. Die Dienstboten wechselten Blicke miteinander, einige überrascht, andere freudig – einer oder zwei beunruhigt. Aber ich wußte, daß ich wenigtens eine Sache zu Ende gebracht hatte: Durch diese Entscheidung hatte ich mir die Möglichkeit zum Selbstschutz genommen. Und damit kam das Gefühl, in Seiner Nähe zu sein, zurück und blieb länger als gewöhnlich. Vielleicht brauchte ich das für die kommenden Ereignisse.

Als mir Raisham eines Morgens das Haar bürstete, bemerkte sie ganz nebenbei: „Ich habe gehört, daß Karim, der Sohn Ihrer Tante, gestorben ist."

Ich fuhr von meinem Sessel auf und sah sie ungläubig an.

„Nein", stöhnte ich. Nicht Karim, der doch Mahmud zum

Angeln mitnehmen wollte! Ich mochte ihn so gerne! Was war nur geschehen? Warum mußte ich sogar die Nachricht von Karims Tod über die Dienstboten erhalten? Mit eisernem Willen zwang ich mich in den Sessel zurück, damit Raisham mit ihrer Arbeit fortfahren konnte. Meine Gedanken überschlugen sich. Es konnte sich auch um ein Gerücht handeln, dachte ich. Raisham konnte sich in dem Namen geirrt haben. Ich faßte wieder ein wenig Mut. Später bat ich eine ältere Dienerin auszukundschaften, was wirklich vorgefallen war. Sie ging ins Dorf und kam nach einer Stunde ganz niedergeschlagen zurück.

„Es tut mir leid, Begum Sahib", sagte sie. „Aber es ist wahr. Er ist gestern abend an einem Herzanfall gestorben und wird heute beerdigt."

Diese Dienerin, die es verstand, alles in Erfahrung zu bringen, berichtete mir dann noch etwas, was mich sehr verletzte. Meine Tante, die ja wußte, wie sehr ich an ihrem Sohn hing, hatte meine Familie ganz besonders gebeten, mich vom Tod ihres Sohnes zu benachrichtigen. Niemand war diesem Wunsch nachgekommen.

Später saß ich am Fenster und dachte über die Sache nach. Ich war schon seit sechs Monaten von den Familienereignissen ausgeschlossen, aber es hatte mir noch nie so weh getan wie jetzt. Ich begann zu beten, und der Herr erhörte mich, wie Er es immer getan hatte. Diesmal war es, als werde mir ein warmer Mantel um die Schultern gelegt. Und dieses Gefühl löste einen ungewöhnlichen Entschluß in mir aus. Schon der Gedanke an mein Vorhaben erschreckte mich. Es war so kühn, daß ich wußte, es konnte nur von Gott kommen.

10. *Wie ich in der Gegenwart Gottes leben lernte*

Während ich am Fenster saß und in meinen Garten hinausschaute, wo Karim und ich als Kinder miteinander gespielt hatten, beugte ein kräftiger Monsun, der aus Indien herüberblies, die Wipfel der Bäume. Er schien eine unerhörte Botschaft für mich zu bringen, und zuerst glaubte ich, mich verhört zu haben.

„Das meinst Du doch wohl nicht im Ernst, Herr“, sagte ich lächelnd. „Ich höre wieder einmal Stimmen! Du willst doch nicht, daß ich zu Karims Begräbnis gehe? Es wäre unschicklich. Es wäre taktlos. Ich würde damit Menschen kränken, die in Trauer sind.“

Noch während ich so widersprach, merkte ich, wie das Gefühl Seiner Nähe schwand. Da fragte ich mich, ob ich dieses Außergewöhnliche nicht doch tun mußte – den feindlichen Verwandten geradewegs in die Arme laufen.

Schließlich seufzte ich tief, erhob mich von meinem Fensterplatz, zuckte die Achseln und sagte laut: „Ich fange an zu lernen, Herr. Mein Gefühl für richtiges Handeln kann es mit Deinem nicht aufnehmen. Ich werde also hingehen, da Du es mir sagst.“

Und, wie es zu erwarten war, kehrte das Gefühl Seiner Nähe zurück.

Welch außerordentliche Erfahrungen machte ich mit diesem Kommen und Gehen Seiner Gegenwart. Ich hatte jedoch das Gefühl, daß ich allmählich begriff, worum es ging. Wie würde ich lernen können, immer länger in Seiner Nähe zu bleiben? Ich ahnte nicht, daß mich während der kommenden zwei

Monate Ereignisse erwarteten, die mich in diesem Lernprozeß noch einen Schritt voranbringen würden.
Zögernd stand ich auf dem gepflasterten Weg vor Karims Haus. Trotz meines Versprechens, gehorsam zu sein, war mir wie einer einsamen Taube zumute, die tausend Kobras vorgeworfen wird. Ich holte tief Atem und ging dann entschlossen auf das Steinhaus zu, das zwischen einer Anzahl gleich aussehender Häuser stand. Ich schritt durch den Vorgarten auf die Veranda, den Blicken der Leute aus dem Dorf ausgesetzt, die schweigend herumsaßen. Ich betrat das altmodische Haus mit der Holzdecke und den weißgetünchten Wänden, in dem Karim und ich so oft miteinander gelacht, gespielt und herumgetobt hatten.
Jetzt war kein Lachen zu hören. Zu der Bedrücktheit der trauernden Familie kam die Eiseskälte der verächtlichen Blicke, die sich auf mich richteten. Ich sah zu einer Cousine hinüber, mit der ich sehr eng befreundet gewesen war. Unsere Blicke trafen sich einen Augenblick lang; dann wandte meine Cousine rasch den Kopf ab und sprach mit ihrer Nachbarin.
Aufrechten Ganges schritt ich jetzt ins Wohnzimmer und ließ mich dort auf einem der dicken Baumwollpolster nieder, die man auf dem Fußboden ausgebreitet und mit Kissen zum Anlehnen versehen hatte. Ich ordnete gerade meinen Sari, als die Anwesenden mich plötzlich wahrnahmen und zu erwachen schienen. Die ruhige, gleichmäßige Unterhaltung, die den Raum erfüllt hatte, brach jäh ab. Selbst die Frauen, die mit jeder Drehung einer Perle ihrer Gebetskette eine Bitte zu Allah schickten, hielten inne. Der Raum, soeben noch heiß von den frühsommerlichen Temperaturen und den dicht aneinandergedrängten Menschen, schien plötzlich eiskalt.
Ich sagte nichts, machte auch keinen Versuch einer Annäherung, sondern senkte meine Augen und sprach meine eigenen

Gebete: „Herr Jesus“, flüsterte ich in meinem Herzen, „bitte sei doch bei mir, wenn ich in diesem Kreis von lieben Freunden und Verwandten, die Karims Tod so tief getroffen hat, für Dich eintrete.“

Nach einer Viertelstunde setzte der leise Redefluß wieder ein. Es war Zeit, daß ich Karims Frau mein Beileid aussprach. So erhob ich mich von meinem Polster und ging in das angrenzende Zimmer, wo Karims Leichnam in einem langen, tiefen Sarg lag, der so geformt war, daß er der islamischen Lehre Rechnung trug; sie besagt nämlich, daß ein Toter in der Lage sein muß, sich aufzusetzen, wenn die Engel kommen, um ihn nach seinem Glaubensbekenntnis zu fragen. Ich drückte Karims Frau mein Beileid aus und schaute dann auf das stille Gesicht meines lieben Vetters, der in ein neues, blütenweißes Leichengewand aus Baumwolle gehüllt war, und flüsterte im stillen ein Gebet zu Jesus für den Geist dieses Mannes. Ach, wie gern hätte ich ihn noch gesprochen, bevor er starb!

Ein leises Raunen erfüllte den Raum, als enge Familienangehörige für Karim beteten, indem sie stehend Koranverse rezitierten. Es gehörte alles zu dem islamischen Ritual von Leben und Tod, das ich so gut kannte. Ich ließ all diese Dinge hinter mir. Noch vor Sonnenuntergang würden alle Familienmitglieder heute in einer langen Prozession zum Friedhof ziehen. Neben dem Grab würden die Sargträger ihre Last absetzen, und die Mollahs würden ausrufen: „Gott ist der Größte. Herr, dieses ist Dein Knecht, und der Sohn Deines Knechtes. Er hat bezeugt, daß es keinen Gott gibt außer Dir, und daß Mohammed Dein Knecht und Dein Gesandter ist.“

Während ich dastand und das Jammern der Trauernden hörte, fiel mein Blick auf Karims Mutter, die neben dem Sarg kniete. Sie sah so verloren aus, und ich fühlte mich stark zu ihr hingezogen. Sollte ich es wagen? Würde es einen Affront bedeuten? Sollte ich ihr etwas von Jesus sagen? Wahrscheinlich

nicht. Schon meine Gegenwart als Christin würde Jesus in besonderer Weise an ihre Seite bringen.
So ging ich zu Karims Mutter hinüber und legte meinen Arm um sie; ich sagte ihr mit leiser, teilnehmender Stimme, wie leid es mir tat. „Karim und ich haben uns so gut verstanden. Möge Gott dich segnen und trösten." Karims Mutter wandte mir ihr Gesicht zu. Ihre dunklen, tränengefüllten Augen dankten mir, und ich wußte, daß Jesus ihr sorgenerfülltes Herz schon jetzt tröstete.
Aber Karims Mutter war der einzige Mensch im Raum, der mein Handeln zu akzeptieren schien. Als ich sie alleinließ und wieder zu den Trauergästen zurückkehrte, erhob sich einer meiner Vettern demonstrativ und verließ das Zimmer. Zwei andere folgten ihm.
Da saß ich nun zwischen zwei Stühlen: einerseits war ich von Kummer und Mitleid für Karim und seine Familie erfüllt, andererseits fühlte ich mich völlig fehl am Platze.
Das Herz schlug mir bis zum Halse. Ich spürte die Feindseligkeit, obwohl ich mich durch Jesu Nähe bewahrt wußte. Das einzige, was ich tun konnte, bestand darin, noch eine angemessene Zeit abzusitzen, mich dann zu erheben und das Haus zu verlassen. Als ich schließlich ging, fühlte ich aller Augen auf mich gerichtet.
In meinem Auto blieb ich noch einen Augenblick am Steuer sitzen und versuchte, mich wieder zu sammeln. Ich hatte gehorcht, aber es hatte mich viel gekostet. Ich wäre viel lieber zu Hause geblieben, anstatt direkt in den offenen Rachen ihres Zorns hineinzugehen.
Wenn ich gedacht hatte, nur dieses eine Mal durch ein solches Tal gehen zu müssen, dann hatte ich mich getäuscht. Ein paar Wochen später, als gerade die drückende Hitze des Hochsommers über unserer Gegend lastete, starb wieder ein Vetter. Wieder erfuhr ich durch meine Dienstboten von dem Todes-

fall. Wieder befolgte ich die Weisungen meines Herrn und begab mich zögernd in ein Haus voller Trauergäste und setzte mich dem kalten Haß aus. Ich versuchte, nicht mehr an meine eigene Lage zu denken, sondern meine Aufmerksamkeit der einzigen Person zuzuwenden, die wirklich die Leidtragende war: der Witwe meines Vetters. Sie hatte ein Kind, das eben fünf wurde, genau wie Mahmud. Sie sah so verlassen aus, wie sie da allein neben dem Sarg stand, daß ich um sie und ihren Mann weinte.

Und genau wie bei Karims Beerdigung fühlte ich mich zu dieser verzweifelten Frau hingezogen. Als ich mich ihr näherte, trafen sich unsere Blicke, und ich sah ein Zögern in ihrem tränennassen Gesicht. Und dann reichte sie mir mit einem Blick der Entschlossenheit und im Bewußtsein, daß dies nicht dem Willen der Familie entsprach, die Hand. Als ich ihre zitternde braune Hand in der meinen hielt, weinte ich still. Wir wechselten nur wenige Worte, aber in meinem Herzen betete ich innig, daß der Heilige Geist ihre Trübsal mildern und auch an dieser moslemischen Frau Seine Verheißung wahrmachen möge: „Selig sind, die da Leid tragen.“

„Danke, Bilquis, danke“, flüsterte die Witwe, als sie meine Hand schließlich losließ. Ich umarmte sie und ging hinaus.

Seltsamerweise folgten noch zwei weitere Beerdigungen ziemlich kurz hintereinander. Selbst für eine so große Familie wie die unsere war das ungewöhnlich. Beide Male sagte mir Gott jedoch sehr klar und deutlich, daß ich mein sicheres, kleines Haus verlassen und dorthin gehen sollte, wo ich gebraucht wurde. Ich sollte nicht viel sagen, sondern meine teilnehmende Gegenwart für sich selbst sprechen lassen.

Die ganze Zeit über arbeitete der Herr an mir. Er hatte mir soviel beizubringen, daß Er diese Beerdigungen als Schule für mich gebrauchte.

Während eines solchen Besuches entdeckte ich das nächste große Geheimnis für das Verweilen in Seiner Nähe.
Bei einem moslemischen Begräbnis kocht oder ißt solange niemand, bis der Leichnam beerdigt ist. Das bedeutet normalerweise einen Fastentag, ist aber weiter kein großes Opfer. Als ich jedoch an jenem Tag so isoliert in dem überfüllten Raum saß, überkam mich plötzlich das Verlangen nach meinem Nachmittagstee. Das war etwas, so sagte ich mir, worauf ich einfach nicht verzichten konnte.
Unfähig, meinen Wunsch zu bezähmen, erhob ich mich schließlich und murmelte eine Entschuldigung. Ich müsse mir die Hände waschen, sagte ich. Dann schlüpfte ich aus dem Haus und die Straße hinunter in ein kleines Café. Dort trank ich meinen kostbaren Tee und kehrte dann ins Trauerhaus zurück.
Sofort spürte ich eine seltsame Einsamkeit, als ob ein Freund von meiner Seite gewichen wäre. Natürlich kannte ich den Grund. Die tröstende Gegenwart Seines Geistes hatte mich verlassen.
„Herr", sagte ich leise, „was habe ich getan?" Und dann wußte ich es. Ich hatte gelogen, als ich mich entschuldigte. „Aber das war doch nur eine Notlüge, Herr", sagte ich. Ich fühlte seine tröstende Gegenwart nicht mehr – nur tödliche Leere.
„Aber Herr", drängte ich, „ich brauche dieses moslemische Ritual doch nicht mehr zu befolgen. Und außerdem komme ich ohne meinen Tee nicht aus. Du weißt das doch."
Keine Spur des göttlichen Geistes.
„Aber Vater", drängte ich weiter, „ich konnte ihnen doch nicht sagen, daß ich Tee trinken und Kuchen essen ginge. Das hätte sie verletzt."
Keine Antwort.
„Also gut, Vater, ich verstehe. Ich habe Unrecht getan und gelogen. Ich merke jetzt, daß ich mein Handeln vor den

Menschen rechtfertigen wollte, dabei weiß ich, daß nur Du es gutheißen mußt. Es tut mir sehr leid, Herr. Ich habe Dich verletzt. Hilf mir, so etwas nicht wieder zu tun."

Und bei diesen Worten durchflutete mich Seine tröstliche Gegenwart aufs neue wie Regen, der in ein ausgetrocknetes Flußbett fällt.

Und so lernte ich, rasch wieder in Seine Nähe zurückzufinden. Immer wenn Er sich von mir entfernte, wußte ich, daß ich Ihn betrübt hatte. Dann pflegte ich jede Tat, jedes Wort und jeden Gedanken zu rekonstruieren, bis ich entdeckte, wo ich in die Irre gegangen war. An dieser Stelle bekannte ich dann meine Schuld und bat Ihn um Vergebung.

Ich lernte das mit wachsendem Mut zu tun. Durch diese Gehorsamsübungen drang ich in das Geheimnis der Buße ein. Ich fand heraus, daß Buße mehr ist als innere Zerknirschung. Sie umfaßt das Eingeständnis der Schuld und die feste Absicht, diesen Fehler mit Seiner Hilfe in Zukunft nicht mehr zu machen. Meiner Schwachheit bewußt, berief ich mich auf Seine Stärke.

In dieser Zeit kam ich auch darauf, daß es so etwas wie eine Notlüge überhaupt nicht gibt. Lüge ist Lüge und kommt immer vom Satan, dem Vater der Lüge. Er benutzt „harmlose" Notlügen, um uns die Lüge zur Gewohnheit werden zu lassen. Lügen pflastern den Weg zu größeren Versuchungen. Satan versucht uns einzuflüstern, Notlügen geschähen aus Rücksicht auf andere. Indem wir ihm nachgeben, beugen wir uns vor der Welt und nicht vor Jesus, der selbst die Wahrheit ist.

Ich entdeckte diese Wahrheit bei der Beerdigung eines Verwandten, und sie wurde für mich der Anfang einer neuen Lebensweise. Ich erklärte den Lügen den Kampf. Von jetzt an ertappte ich mich jedes Mal selbst, wenn ich im Begriff war, eine Notlüge auszusprechen.

Einmal lud mich ein befreundeter Missionar zu einer Versammlung ein, der ich nicht beiwohnen wollte. Ich wollte mich eben damit entschuldigen, daß ich schon etwas anderes vorhätte. Da ertönte in mir ein Warnsignal, und ich konnte mich gerade noch rechtzeitig besinnen. Statt dessen merkte ich, daß ich ruhig die Wahrheit sagen konnte, ohne jemanden beleidigen zu müssen.
„Es tut mir leid, aber es wird mir leider nicht möglich sein zu kommen."
Eines Tages wollte ich einem Freund in London einen Brief schreiben. Fast automatisch begann ich damit, ich sei einige Zeit auf Reisen gewesen und hätte seinen letzten Brief daher nicht eher beantworten können. Mit gezückter Feder hielt ich inne.
Auf Reisen? Ich war die ganze Zeit zu Hause gewesen. So zerriß ich den Brief, warf ihn in den Papierkorb und begann von neuem. „Lieber Freund! Bitte entschuldige, daß ich Deinen wunderbaren Brief nicht eher beantwortet habe . . ."
Kleinigkeiten, sicher. Aber ich lernte, daß ich große Versuchungen ebenfalls leichter zu überwinden vermochte, wenn ich auch in kleinen Dingen gewissenhaft war. Außerdem war das Leben viel leichter, wenn ich mir nicht ständig Ausreden ausdenken mußte.
Langsam aber sicher ging mir ein Licht auf: ich merkte, daß ich versuchte, mit Christus als meinem ständigen Begleiter zu leben. Natürlich gelang das nicht so ohne weiteres. Ich ertappte mich wieder dabei, daß ich in meine alte Lebensweise zurückfiel!
Aber ich versuchte es weiter.
Und dabei entdeckte ich die praktische Seite der Verheißung:

„Sorgt euch zuerst darum, daß ihr euch seiner Herrschaft

unterstellt, und tut, was er verlangt, so wird er euch mit allem anderen versorgen." (Matthäus 6,33)

Während ich mich nämlich bemühte, Gott an die erste Stelle zu setzen, wurde mir gegeben, was mir besonders wichtig war.

Eines Nachmittags kam Raisham erschrocken in mein Zimmer.

„Eine Dame ist im Empfangszimmer und wartet auf Sie", sagte sie.

„Wer ist es?" fragte ich.

„Wenn ich mich nicht irre, Begum Sahib, ist es Karims Mutter."

Sie mußte sich geirrt haben! Karims Mutter würde doch nicht hierherkommen!

Ich ging hinunter und überlegte, wer es sonst sein könnte. Aber als ich das Wohnzimmer betrat, war es wirklich die Mutter meines verstorbenen Vetters. Als sie meine Schritte hörte, blickte sie auf, kam auf mich zu und umarmte mich. „Bilquis", sagte Karims Mutter, und ihre Augen füllten sich mit Tränen, „ich mußte einfach selber kommen und dir etwas sagen. Zuerst sah ich dich bei der Trauerfeier gar nicht, weil so viele Leute da waren. Aber ich muß dir sagen, wie tröstlich deine Gegenwart für mich war. Es war . . . ich weiß nicht . . . etwas Neues. Etwas Warmes und Besonderes ging von dir aus."

Und da erkannte ich, warum ich während der tiefen Trauer nicht mit Karims Mutter über Jesus hatte sprechen dürfen. Ich hätte ihre Situation ausgenützt. Jetzt war die Lage jedoch völlig anders. Sanft und leise erzählte ich ihr nun hier in meinem Empfangszimmer, was Jesus mir bedeutete, und wie Er langsam und unerbittlich so viele meiner alten, egoistischen Gewohnheiten in warme Menschlichkeit umgewandelt hatte.

„Es ist wahr“, sagte Karims Mutter. „Du hast wirklich teilgenommen. Du wolltest teilhaben an meinem Kummer.“
Es war ein kurzer, aber wunderbarer Besuch. Er ermutigte mich in doppelter Weise: erstens, weil ein anderes menschliches Wesen tatsächlich eine Veränderung an mir bemerkt hatte; und zweitens, weil ich hoffte, daß dies eine Bresche in den Boykott meiner Familie schlagen würde.
Dies geschah aber nicht so schnell. Immer, wenn das Telefon klingelte, war es jemand von meinen christlichen Freunden. Auch als einen Tag vor Mahmuds sechstem Geburtstag morgens das Telefon läutete, erwartete ich einen Anruf von Marie. Statt dessen vernahm ich die freundliche Stimme der Mutter des zweiten Vetters, der gestorben war.
„Bilquis?“
„Ja.“
„Bilquis, ich wollte dir nur sagen, wie dankbar ich bin, daß du der Frau meines Sohnes so sehr geholfen hast. Sie sagte mir, deine Worte hätten sie wirklich getröstet.“
Wie interessant! Ich hatte nur wenig gesagt. Es war Christus, der den Trost gespendet hatte.
Wir wechselten ein paar freundliche Worte und hängten dann ein.
Wieder konnte ich nur darüber staunen, wie Jesus durch mich gewirkt hatte, auch als ich wenig oder gar nichts Direktes über Ihn sagte. Durch meine Anwesenheit hatte der Herr durch Seinen Geist geholfen.
Im Laufe der folgenden Wochen kamen noch ein paar weitere Verwandte und besuchten mich kurz. Sie schauten herein und brachten Mahmud kleine Geschenke zum Geburtstag. Angeblich war der Junge der Grund ihres Besuches. Ich wußte jedoch, daß das eine Ausrede war. In Wirklichkeit kamen sie, um den Schmerz des Boykotts ein wenig zu lindern. Die

kurzen Besuche hatten stets etwas Gezwungenes, aber sie waren helle, willkommene Lichtblicke in der schrecklichen Mauer, die man um mich errichtet hatte.

Fast ein Jahr war vergangen, seit ich mich entschlossen hatte, dem Ruf Jesu zu folgen. Wie doch die Zeit verging! Bald schon würde ich wieder Geburtstag haben. Ein Jahr, seit ich mich dem Herrn ausgeliefert hatte. Und jetzt freute ich mich auf mein erstes, wirkliches Weihnachtsfest. Natürlich hatte ich bei meinen Europareisen bereits Weihnachtsfeiern kennengelernt. Aber niemals zuvor hatte ich erfahren, was es heißt, die Geburt Jesu von Herzen zu feiern. Ich lieh mir von den Mitchells eine Krippe aus. Als sie mit der kleinen Krippenausrüstung ins Haus kamen, brachten sie auch eine kleine Tanne mit, und wir sangen alle „O Tannenbaum, o Tannenbaum . . .“, wobei Mahmud vor Entzücken jauchzte. Die Dienstboten stellten den Baum im Wohnzimmer auf, und wir schmückten ihn mit Papierbändern.

Irgend etwas stimmte jedoch nicht. So sehr mich diese Feierlichkeiten erfreuten, so sah ich doch keinen wirklichen Sinn darin. Ich überlegte, ob ich Weihnachten nicht auf eine besondere Weise feiern könnte, um die Wandlung, die in meinem Leben vorgegangen war, zum Ausdruck zu bringen.

Dann kam mir ein Gedanke. Ich könnte eine Party veranstalten – eine Party für jedermann, Missionare, Leute aus dem Dorf, sogar Straßenkehrer. Sofort erinnerte ich mich an die warnenden Stimmen meiner Verwandten, die mich gebeten hatten, meinen Glauben nicht öffentlich zur Schau zu stellen. Und ich hörte auch die Stimme des Generals, die mir versicherte, daß er mir keinen offiziellen Schutz mehr gewähren könnte, wenn ich in Schwierigkeiten geraten sollte. Ich wußte, daß eine solche Weihnachtsparty vielen ein Dorn im Auge sein würde. Nachdem ich viel gebetet hatte, kam es mir jedoch so vor, als spürte ich Seine Nähe am deutlichsten, wenn ich für diese ungewöhnliche Versammlung Vorbereitungen traf.

Die Party fand am ersten Weihnachtstag statt und verursachte viel Aufregung in Wah. Die Leute aus dem Dorf erschienen schon früh und versammelten sich um den Christbaum. Dann kamen auch die Missionare. Synnove leitete den Gesang. Plötzlich kündigte ein Diener den überraschenden Besuch einer Tante und mehrerer Vettern aus Rawalpindi an.

Ich erschrak. Wie würden sie reagieren? Ich hätte mir darüber keine Gedanken zu machen brauchen. Sie reagierten auf die typische Art und Weise der Oberschicht. Zunächst waren sie wie erstarrt vor Schreck, dann zogen sie sich still in ein Nebenzimmer zurück, wo sie in eisigem Schweigen beieinandersaßen.

Da ich keine Gruppe vernachlässigen wollte, wechselte ich ständig zwischen den beiden Räumen hin und her. Dabei war mir, als brächte man mich abwechselnd von der heißen unter die kalte Dusche.

Vielleicht siegte meine Beständigkeit, jedenfalls fühlten sich einige der Verwandten nach einer Weile etwas wohler. Manche gingen sogar ins Wohnzimmer und gesellten sich zu denen, die sich um den Baum versammelt hatten. Am Ende des Abends unterhielten sie sich immerhin mit den Olds und den Mitchells, wenn auch nicht mit den Straßenkehrern.

Diese Party sollte, so hoffte ich, ein neues Jahr einleiten. Kein einfacheres, nur ein anderes. Denn direkt vor mir lagen viele verwirrende Kreuzungen, die mich in Probleme hineinführen konnten, wenn ich mich auf den falschen Pfad einließ.

Neben den Verwandten und Freunden, die hin und wieder hereinplatzten, tauchte nämlich eine neue Art Besucher auf.

Es waren Leute, die entschlossen waren, mich dem Islam wieder zuzuführen. Ich hatte das Gefühl, daß es interessierte

Zuschauer gab, die darauf gespannt waren, wie ich auf diese mich heimrufenden Stimmen reagieren würde. Sollte ich in diskretem Schweigen verharren, oder sollte ich sagen, was ich dachte?

Wieder wurde mir die Antwort durch Seine Gegenwart zuteil. Denn sobald ich versuchte, unaufrichtig zu sein, fühlte ich mich unbehaglich und alleingelassen. Sobald ich aber die an mich gerichteten Fragen in Aufrichtigkeit und Liebe beantwortete, fühlte ich, daß der Herr selbst bei mir war.

Eines Nachmittags zum Beispiel klopfte es leise an meiner Tür. Ich war überrascht, denn es war zwei Uhr mittags.

„Ja?" Die Tür ging auf. Es war Raisham. „Begum Sahib, Sie haben Besuch."

In ihrer weichen Stimme lag ein Zögern. Ich hatte Raisham gesagt, daß ich zwischen dem Mittagessen und drei Uhr nachmittags nicht gestört werden wollte. Es war jedoch kein Befehl. Noch vor einem Jahr hätte ich Raisham scharf angefahren, sie solle mich bis drei Uhr gefälligst nicht stören. Jetzt erklärte ich ihr, daß meine Zeit mir nicht mehr gehörte; sie gehörte dem Herrn. Wenn irgend etwas nach ihrer Meinung dringend meiner Anwesenheit bedurfte, dann müßte sie selbstverständlich in mein Zimmer kommen und mich holen, ungeachtet wie spät es war.

„Begum Sahib, der Mann ist Engländer." In ihren braunen Augen blitzte der Schalk. „Er sagte, er wolle mit Ihnen über Gott sprechen."

„Gut", sagte ich nachdenklich.

„Ich komme gleich hinunter."

Im Empfangszimmer wartete ein blasser, blonder Engländer auf mich. Es fiel mir auf, daß er typisch pakistanische Kleidung trug, ein weißes Hemd und bauschige Hosen. Mit seinem bleichen Gesicht und den weißen Kleidern verschmolz er fast mit den weißen Wänden des Raumes. Nachdem er sich entschuldigt hatte, ohne vorherige Anmeldung hereingeplatzt zu sein, kam er zur Sache. Er sagte, er sei eigens von Karachi hergereist, um mich zu treffen; da er vom Christentum zum Islam übergetreten sei, meinten Verwandte von mir, wir könnten gemeinsame Interessen haben. „Ach so", sagte ich bei mir, „jetzt verstehe ich. Da sie wissen, wie gern ich die Engländer mag, glauben sie, ich würde mich von einem Engländer beeindrucken lassen, der Moslem geworden ist."

Mein Gast stotterte herum und und kam endlich zum Zweck seines Besuches.

„Begum", sagte der Mann, „etwas stört mich, wenn Moslems zum Christentum übertreten. Es ist die Bibel. Wir wissen alle, daß das christliche Neue Testament verändert wurde und nicht mehr das ist, was Gott ursprünglich als Sein Wort vermittelte."

Er bemächtigte sich des moslemischen Hauptarguments gegen die Bibel, daß sie nämlich so sehr verändert worden sei, daß die heutige Version ihre Glaubwürdigkeit verloren habe. Die ursprüngliche Version, so behaupten die Moslems, habe mit dem Koran übereingestimmt.

„Ich hoffe nicht, daß Sie meinen, ich scherze", sagte ich. „Ich möchte wirklich etwas wissen. Ich habe schon so oft gehört, die Bibel sei verändert worden, aber ich habe nie erfahren können, wer sie verändert hat. Wann wurden die Änderungen vorgenommen, und welche Stellen sind davon betroffen?"

Mein Gast lehnte sich zurück und blickte zu der geschnitzten Holzdecke hinauf, während seine Finger auf der Stuhllehne trommelten. Er antwortete nicht. Es war wohl unfair von mir. Es gab, soviel ich wußte, keine Antwort auf diese Fragen.

„Sehen Sie", fuhr ich fort, das Wissen zitierend, das ich mir angeeignet hatte, „im Britischen Museum gibt es uralte Bibelexemplare, die etwa dreihundert Jahre vor der Geburt Mohammeds herauskamen. In allen Streitfragen zwischen Christentum und Islam sind diese alten Manuskripte mit der heutigen Bibel identisch. Die Experten meinen, die Bibel unterscheide sich in ihren grundsätzlichen Aussagen nicht vom Originaltext. Das ist für mich persönlich sehr wichtig. Denn für mich ist die Bibel zum lebendigen Wort geworden. Es spricht zu meiner Seele und labt mich. Es leitet mich . . ."

Mein Besuch erhob sich mitten im Satz. „. . . und daher", fuhr ich fort, „möchte ich unbedingt wissen, ob es wirklich Stellen gibt, an denen ich mich täusche. Können Sie mir welche nennen?"

„Sie sprechen vom ‚Wort' fast als von etwas Lebendigem", sagte mein Besuch.

„Ich glaube, daß Christus lebendig ist, wenn Sie das meinen", sagte ich. „Sogar der Koran sagt, daß Christus das Wort Gottes ist. Ich würde mich sehr gerne einmal mit Ihnen darüber unterhalten."

„Ich muß jetzt gehen."

Und das war alles. Ich brachte meinen Gast zur Tür und lud ihn ein, wiederzukommen. Er kam nicht, aber andere kamen, manche gut für die Schlacht gerüstet und mit häufig irrtümlichen Auffassungen! Nie werde ich den Mann vergessen, der die Christen beschuldigte, drei verschiedene Götter anzubeten.

„Eure sogenannte Dreieinigkeit besteht aus Gott, Maria und Jesus!" sagte er. „Ihr Christen sagt, Gott habe Maria zur Frau genommen, und aus dieser Verbindung sei Jesus geboren. Allah kann keine Frau haben!" lachte er.

Ich betete rasch. Ich wußte dann, wie ich meine Gedanken in Worte fassen konnte.

„Lesen Sie den Koran?“ fragte ich.
„Natürlich.“
„Dann erinnern Sie sich vielleicht an die Stelle, wo der Koran davon erzählt, wie Christus den Geist Gottes empfing?“ Ich hatte mich schon oft gefragt, wie der Koran zu solchen wundervollen Wahrheiten kam. „Sie haben vielleicht von Sadhu Sundar Singh gehört, dem frommen Sikh, dem Jesus in einer Vision erschien. Jesus erklärte ihm die Dreieinigkeit folgendermaßen: ‚So wie in der Sonne sowohl Wärme als auch Licht sind, das Licht jedoch nicht Wärme und die Wärme nicht Licht ist, beide aber eins sind, auch wenn sie sich verschiedenartig offenbaren, so kommen auch ich und der Heilige Geist vom Vater und bringen der Welt Wärme und Licht zugleich . . . Und doch sind wir nicht Drei, sondern Eins, so wie auch die Sonne nur Eine ist.‘“
Als ich geendet hatte, war es still im Zimmer. Mein Gast war in seine Gedanken vertieft. Schließlich erhob er sich, dankte mir dafür, daß ich ihm soviel Zeit gewidmet hatte, und verließ schweigend das Haus.
Während ich zusah, wie die einsame Gestalt den steinigen Anfahrtsweg entlangging, bewegte mich die Frage, ob meine Gespräche mit Leuten wie dem Engländer oder diesem Eiferer wirklich von Gott für Seine Ziele gebraucht würden. Ich konnte es nicht erfahren, denn von beiden hörte ich nie wieder etwas. Es spielte keine Rolle. Vielleicht sollte ich mir über die Ergebnisse nicht einmal Gedanken machen. Das einzige, was für mich wirklich eine Rolle spielte, war mein Gehorsam. Wenn der Herr von mir verlangte, mit diesen Menschen zu sprechen, dann mußte ich das auch tun.
Als der Winter in den Frühling überging, schien der Herr mir noch eine andere Art und Weise zu schenken, von Ihm zu reden. Ich fuhr nach Lahore und kaufte – nach einem seltsam nichtssagenden Besuch bei meinem Sohn Khalid – hundert

Bibeln, die ich jedem, der Interesse zeigte, schenken wollte. Ich kaufte auch eine Anzahl christlicher Traktate.
Bei jeder Gelegenheit teilte ich sie aus, sogar in öffentlichen Erfrischungsräumen ließ ich einige liegen. Ich bin nicht so sicher, ob das gut war. Als ich einmal in den Erfrischungsraum zurückging, merkte ich, daß der kleine Stoß von Traktaten geschrumpft war, aber dann schaute ich in den Papierkorb. Da lagen die übrigen Blätter zusammengeknüllt.
„Es kommt mir so sinnlos vor, Herr“, sagte ich. „Tue ich denn wirklich das, was Du von mir verlangst? Warum habe ich dann nicht ein einziges Mal sehen können, ob es Erfolg hat, wenn ich von Dir rede?“ Da waren der englische Moslem und der General und all die Dienstboten, die geflohen waren, und die unzähligen Male, die ich mit Verwandten oder mit Freunden gesprochen hatte – nicht ein einziges Mal konnte ich irgendwelche Früchte meiner Bemühungen erkennen. „Es ist so rätselhaft, Herr! Ich kann einfach nicht verstehen, warum Du mich nicht als Zeugen gebrauchst.“
Während ich betete, spürte ich Seine Gegenwart in jenem Zimmer ganz deutlich. Er schien mich mit Kraft und Trost zu erfüllen. In meinem Herzen vernahm ich deutlich Seine Antwort: „Bilquis, ich will dir nur eine Frage stellen. Erinnere dich genau an jene Male, wo du mit deinen Freunden oder Verwandten geredet hast. Erinnere dich an die Male, wo du Leute hereingelassen hast, die mit dir diskutieren wollten. Hast du meine Gegenwart bei diesen Besuchen gespürt?“
„Ja, Herr, das habe ich wirklich.“
„War meine Gegenwart da?“
„Ja, Herr.“
„Dann laß dir daran genügen. Es ist mit Freunden oft so. Auch mit Verwandten. Die Ergebnisse sollen dich nicht bekümmern. Wichtig für dich ist allein der Gehorsam. Suche meine Nähe, nicht Erfolge.“

So setzte ich meine Lebensweise fort. Das Seltsame ist, daß diese Zeit sehr anregend und stärkend für mich wurde. Nachdem mein Blick mit Gottes Hilfe nun nicht mehr auf „Erfolge", sondern auf Seine Gegenwart gerichtet war, vermochte ich mit Vergnügen Freund um Freund, Verwandten um Verwandten zu empfangen und brauchte mich nicht mehr frustriert zu fühlen. Ich lernte es, günstige Gelegenheiten zu finden und auszunützen. Ob das Gespräch sich nun um Politik oder Mode drehte – ich bat Gott immer, mir eine Frage zu schenken, über die ich einen Einstieg fand. Zum Beispiel kam ich im Gespräch mit einer Nichte einmal auf meinen ehemaligen Mann zu sprechen, der jetzt pakistanischer Botschafter in Japan war.

„Und wenn Khalid jetzt zu dir käme?" fragte sie lächelnd, eine Braue hochziehend.

Ich sah ihr direkt in die Augen. „Ich würde ihn willkommen heißen. Ich würde ihn mit Tee bewirten." Meine Nichte sah mich ungläubig an. „Ich habe ihm vergeben", fuhr ich fort. „Und ich hoffe, er hat mir auch vergeben, denn ich habe ihn ja ebenfalls verletzt."

„Wie kannst du so vergeben?"

Meine Nichte wußte, daß die Trennung sehr problematisch gewesen war.

Ich erklärte ihr, daß ich sicher nicht aus eigener Kraft hätte vergeben können. Ich hatte Jesus gebeten, mir zu helfen. „Weißt du", sagte ich, „Jesus hat uns alle eingeladen, mit unseren Lasten zu Ihm zu kommen. Jesus nahm die Last meines Hasses von mir."

Meine Nichte saß eine Zeitlang still da. „Ja", sagte sie dann, „das ist ein Christentum, von dem ich noch nie etwas gehört habe. Wenn du weiter so sprichst, werde ich eine der ersten sein, die von deinem Jesus hören wollen."

Aber auch hier wurde ich enttäuscht. Ich hatte meine Erwar-

tungen hoch gesteckt. Ich glaubte, meine Nichte würde tatsächlich auf die Sache zurückkommen, aber sie tat es nie.
In dieser Zeit kam es immer wieder vor, daß Seine Nähe von mir wich. Es geschah immer auf die gleiche Weise. Ich tappte in die Falle Satans, der mir die Überzeugung gab, daß ich wirklich gut argumentierte und daß meine Beweisführung tatsächlich tiefgründig sei.
Eines Tages zum Beispiel fragte mich ein Freund: „Warum mußt du eigentlich so ausschließlich sein? Du wirst doch zugeben müssen, daß wir alle denselben Gott anbeten – seien wir nun Christen, Moslems, Hindus, Buddhisten oder Juden. Wir geben Ihm vielleicht verschiedene Namen und nähern uns Ihm aus verschiedenen Richtungen, aber am Ende ist es doch der gleiche Gott."
„Du meinst, Er ist wie ein Berggipfel, zu dem verschiedene Pfade hinaufführen?"
Er lehnte sich zurück, rückte seine Teetasse gerade und nickte. Und da ging ich zum Angriff über.
„Nun", sagte ich, „Er ist vielleicht ein Berggipfel, aber es gibt nur einen Pfad, der zu Ihm führt, nämlich Jesus Christus. Der Herr sagt: ‚Ich bin der Weg, die Wahrheit und das Leben! Nicht nur *ein* Weg", fügte ich scharf hinzu, „sondern *der* Weg."
Mein Freund stellte seine Teetasse ab, zog eine Grimasse und schüttelte den Kopf. „Bilquis", sagte er, „hat dir schon einmal jemand gesagt, daß du immer noch recht hochmütig sein kannst?"
Und sogleich wußte ich, daß der Mann, der mir gegenübersaß, für Gott sprach. Meine Argumente waren gut. Sie gründeten sich auf die Bibel und waren richtig. Aber der Heilige Geist hatte mich verlassen. *Bilquis* hatte recht. *Bilquis* rückte die Dinge ins wahre Licht. Rasch schickte ich ein Gebet der Reue

zum Himmel und bat Gott, die Führung des Gesprächs zu übernehmen.
„Es tut mir leid“, lachte ich. „Wenn ich als Christin so arrogant bin, dann handle ich nicht so, wie Christus es gerne hätte. Je mehr ich über Christus lerne, desto mehr brauche ich die Zurechtweisung. Der Herr muß mich noch so vieles lehren, und ich bin sicher, daß Er jetzt durch dich spricht.“ Mein Gast ging; vielleicht war er dem Herrn ein Stück näher, vielleicht auch nicht. Ich bezweifle, daß ich das je erfahren werde. Aber ich weiß, daß ich damals Schritt für Schritt, und manchmal auf schmerzliche Weise, hören und gehorchen lernte.
Und dann hatte ich eines Nachts wieder eines jener erschrekkenden Erlebnisse, die ich seit meiner Bekehrung schon öfter gehabt hatte. Ich war in meinem Zimmer und machte mich zum Schlafengehen zurecht, als ich plötzlich eine gewaltige, böse Macht an meinem Schlafzimmerfenster fühlte. Sofort dachte ich an meinen Beschützer und erhielt die Warnung, dem Fenster nicht zu nahe zu kommen. Ich sank betend auf die Knie und bat meinen Herrn, mich zu beschützen, wie eine Henne ihre Küken beschützt, und ich fühlte den starken Mantel Seines Schutzes. Als ich mich erhob, war das Etwas am Fenster verschwunden.
Am nächsten Morgen fuhr ich zu den Mitchells hinüber. Die Sonne beschien ihre Straße hell, aber ich bebte noch immer innerlich. Als ich jedoch auf die Haustür zuging, begann ich zu zögern, ob ich das, was geschehen war, überhaupt erwähnen sollte. Ich fürchtete, sie würden mich nicht verstehen.
An der Tür umarmte mich Synnove und sah mich dann fragend an.
„Was ist los, Bilquis?“ fragte sie.
„Ja –“, begann ich, „warum geschehen einem dauernd erschreckende Dinge, wenn man Christ geworden ist?“
Sie bat mich ins Wohnzimmer, wo wir uns setzten. „Ich weiß

nicht so recht, was Sie meinen“, sagte sie nachdenklich. „Hat Sie jemand bedroht?“

„Nicht jemand“, antwortete ich, „etwas“.

„Ach ja?“ sagte sie. Sie stand auf und holte ihre Bibel.

„Hier“, sagte sie, indem sie sich wieder setzte und die Seiten durchblätterte. „In Epheser 6,12 steht etwas von diesen Dingen.“ Sie las:

> „Denn wir kämpfen nicht gegen Menschen. Wir kämpfen gegen unsichtbare Mächte und Gewalten, gegen die bösen Geister zwischen Himmel und Erde, die jetzt diese dunkle Welt beherrschen.“

Sie sah auf.

„Das muß es sein“, sagte ich, und ich erzählte ihr etwas von meinem nächtlichen Erlebnis.

Sie hörte nachdenklich zu und sagte dann: „Vielleicht sollten Sie mit den Olds darüber sprechen?“

„Ach“, sagte ich, nervös lachend, „ich weiß gar nicht, ob ich überhaupt noch darüber sprechen sollte.“

Und so war mir auch am Abend zumute, als wir mit den Olds zusammenkamen. Ich beschloß, das Thema nicht zu erwähnen. Ich würde mich nur lächerlich machen, dachte ich. Wahrscheinlich war alles nur Einbildung.

Als ich jedoch mit Marie Old zusammen vor dem Kamin saß, mußte ich doch etwas sagen. Ich versuchte, einen unbekümmerten Ton anzuschlagen.

„Gestern abend ist mir etwas ganz Komisches passiert, Marie“, sagte ich. „Ich hatte ein erschreckendes Erlebnis und kann es mir nicht erklären.“

Ihr Ehemann Ken hatte in seiner gewohnten ungezwungenen Art hinter uns am Fenster gesessen und in einem Buch gelesen. Als er mich reden hörte, legte er sein Buch nieder, sah auf und brachte mich, als er mein Zögern spürte, in seiner ruhigen Art dazu, die ganze Geschichte vorzutragen.

Als ich fertig war, versuchte ich zu lachen. „Vielleicht", sagte ich leichthin, „habe ich auch gestern abend zuviel Curry gegessen."

„Verniedlichen Sie Dinge nicht, durch die der Herr Sie noch führen wird", sagte er. „Übernatürliche Dinge können wirklich geschehen." Er ging um das Sofa herum und nahm uns gegenüber in einem Sessel Platz. Sein Gesicht war ernst.

Er erklärte die übernatürliche Gegenwart des Bösen und die Art und Weise, wie Gott sie einen Menschen heimsuchen läßt, als Prüfung. Als Beispiel führte Ken aus dem Alten Testament an, wie Gott dem Teufel erlaubt hatte, Hiob anzugreifen, und wie Jesus in der Wüste versucht wurde.

In beiden Fällen hatte es sich um Prüfungen gehandelt, und beide Male waren die vom Bösen Versuchten wegen ihres ausgesprochenen Glaubens an Gott siegreich hervorgegangen.

Langsam ging der Lernprozeß weiter. Was ich aber nicht wußte, als ich dankbar über Kens Belehrungen nachdachte, war, daß der Herr bereits einen neuen Lernprozeß mit mir begonnen hatte. Mehr und mehr stand ich allein und war doch nicht einsam. Von meiner eigenen Familie immer mehr abgeschnitten, war ich doch Teil einer großen hilfreichen Familie, die mir beistand. Mehr und mehr wurde ich von den Wurzeln getrennt, die mir in Wah soviel bedeuteten, und wurde doch immer mehr in einer neuen Stadt, der himmlischen Stadt, eingewurzelt.

Aufgrund dieser Prüfungen meiner Ausdauer hatte Er mich immer wieder in Situationen gebracht, in denen ich mich allein auf Ihn verlassen mußte.

11. Der Wind dreht sich

Der Entwöhnungsprozeß begann ein paar Wochen später an einem Sonntag während unseres regelmäßigen Gebetsabends. Ich hatte den Eindruck, daß sowohl die Olds als auch die Mitchells ungewöhnlich niedergeschlagen wirkten.

„Was ist nur los?“ fragte ich, als ich ins Wohnzimmer der Olds trat. Ken legte den Kopf zurück und starrte zur Decke.

„Marie und ich gehen für ein Jahr in Heimaturlaub“, sagte er kurz.

Meine erste Reaktion war panische Angst, als ich daran dachte, daß ich bald im Stich gelassen würde. Was würde ich nur ohne die Olds anfangen! Natürlich blieben mir noch die Mitchells, aber ich war von beiden Familien in gleicher Weise abhängig. Die Mitchells hatten mich zuerst mit der Kirche in Verbindung gebracht, die Olds waren stets meine Begleiter gewesen. War das nur der Anfang? Wann würde ich beide Familien verlieren?

Marie hatte meine Gedanken wohl erraten. Sie kam herüber und nahm meine Hand. Tränen stiegen ihr in die Augen, als sie sprach.

„Meine Liebe“, sagte sie, „Sie müssen wissen, daß es immer so sein wird. Wir müssen uns immer von denen trennen, die wir lieben. Nur Jesus bleibt immer bei uns.“

Ken trat neben seine Frau. „Noch etwas, Bilquis“, sagte er. „Sie dürfen sicher sein, daß Gott Sie niemals aus einer Situation der Geborgenheit herausholen würde, wenn Er nicht einen bestimmten Zweck damit verfolgte. Deshalb dürfen Sie sich auch jetzt freuen, selbst inmitten des Schmerzes.“

Es blieben uns nur noch wenige gemeinsame Wochen, den

Olds, den Mitchells und mir. Der Abreisetermin rückte in bedrohliche Nähe. Wir versuchten alle, das Vakuum, das Ken und Marie hinterlassen würden, mit Glauben zu füllen, aber es wollte uns nicht recht gelingen.

Es war ein trauriger Tag, als die Mitchells und ich und ein paar andere aus unserer kleinen christlichen Gemeinschaft zum Hause der Olds kamen, um das Ehepaar zu verabschieden. Wir bemühten uns in diesen letzten Stunden sehr, eine Feier daraus zu machen, aber unsere Herzen waren schwer. Wir versuchten, den letzten Augenblick als Gelegenheit zu verstehen, sie nicht einfach „ziehen zu lassen", sondern sie „auszusenden".

Wir waren tapfer. Aber als wir das schwerbeladene Auto der Olds abfahren und der großen Landstraße zurollen sahen, ahnten wir alle, daß das Leben nie wieder so reich werden würde, wie es mit unseren Freunden gewesen war.

Als ich an jenem Tag nach Hause zurückfuhr, hatte ich das dumpfe Gefühl, jetzt ganz allein in einer feindlichen Umgebung zu stehen. Wie lächerlich! Schließlich waren doch die Mitchells noch in Wah!

Der Entwöhnungsprozeß nahm eine neue und unerwartete Wendung. Ein paar Monate nach dem Abschied der Olds rief mich eines Vormittags Dr. Daniel Baksh an. Er sagte, er und Dr. Stanley Mooneyham, Mitarbeiter einer Organisation mit dem Namen ‚World Vision' mit Sitz in Kalifornien, würden mir gerne einen Besuch abstatten. Ich hatte noch nie etwas von dieser Organisation gehört, aber meine Tür stand jedem offen, auch neugierigen Leuten, die hören wollten, wie eine Moslemin Christin geworden war.

Ein paar Tage später trafen die beiden ein. Als wir mit dem Mittagessen fertig waren, begann Dr. Mooneyham zu sprechen, und ich merkte sofort, daß er nicht auf Sensationen aus war. Er interessierte sich wohl für meine Bekehrung, aber ich spürte, daß er sich für die Bekehrung meines Gärtners genauso interessiert hätte. Als wir unseren Tee schlürften, kam er zur Sache.

„Möchten Sie nach Singapur kommen, Madame Sheikh", fragte Dr. Mooneyham, „und dort für den Herrn Zeugnis ablegen?"

„Singapur?"

„Billy Graham wird dort eine große Vortragsreihe halten unter dem Thema ‚Christus sucht Asien'. Sie ist für alle asiatischen Christen bestimmt – Indonesier, Japaner, Inder, Koreaner, Chinesen, Pakistanis. Ihr Zeugnis wird eine Inspiration für uns sein."

Es schien mir nicht gerechtfertigt. Ich hatte hier in Wah genug zu tun und brauchte nicht noch in andere Länder zu reisen.

„Gut", sagte ich, „ich werde darüber beten."

„Tun Sie das bitte", sagte Dr. Mooneyham, und kurz darauf verabschiedete er sich.

Noch lange, nachdem die beiden gegangen waren, saß ich auf der Veranda, dachte nach und betete, wie versprochen, über die Einladung. Eine Stimme in mir sagte, ich solle die Gelegenheit unbedingt wahrnehmen; eine andere Stimme sagte, ich dürfe nicht einmal daran denken. Und dann fiel mir etwas ein.

Mein Paß! Natürlich. Er war eben abgelaufen. Wenn ich nach Singapur fahren wollte, mußte ich ihn verlängern lassen. In jener Zeit unterstand das Paßwesen in Pakistan einer sehr pedantischen Bürokratie. Die Situation war völlig unmöglich. Manche Leute schickten ihre Pässe zur Verlängerung ein und bekamen sie niemals zurück.

Eigentlich konnte ich diese Situation als Gottesurteil auffassen. Wenn Er wollte, daß ich fuhr, dann würde Er sich auch um die Paßgeschichte kümmern.

Noch am gleichen Nachmittag füllte ich das nötige Formular aus und schickte es samt dem Paß an die zuständige Behörde ab. Als ich das Päckchen in den Briefkasten warf, zweifelte ich kaum noch daran, daß das „Nein“ zu meiner Singapur-Reise hiermit besiegelt war.

Eine Woche später erreichte mich ein amtlicher Brief. „Hm“, lachte ich, „das ist wahrscheinlich der erste Schritt zur Paßverlängerung – sie werden mir Formulare schicken, die ich ausfüllen muß. Und so wird es monatelang weitergehen.“

Ich öffnete den Umschlag.

Und da, mit Stempel und der nötigen Verlängerung versehen, kam mein Paß zum Vorschein.

So kam es, daß ich mich wenige Monate später von dem sechsjährigen Mahmud und meinen Dienstboten verabschiedete und nach Lahore fuhr.

Dort traf ich kurz mit meinem Sohn Khalid zusammen, bevor ich nach Karachi weiterfuhr, wo ich das Flugzeug nach Singapur besteigen würde. Obwohl wir inzwischen das Jahr 1968 schrieben und seit meiner Bekehrung eineinhalb Jahre vergangen waren, benahm sich Khalid wie meine übrigen Verwandten und zeigte wenig Interesse an meinem Vorhaben. Ich vermutete, daß er mich mit meinen 48 Jahren für zu alt hielt, um eine solche Reise zu unternehmen. Aber als seine Mutter mußte er mich ja achten, und so war es ein ganz nettes Wiedersehen.

Als ich später in Karachi ins Flugzeug stieg und über mein Unternehmen nachdachte, hatte ich den Eindruck, daß Khalid völlig recht hatte. Was in aller Welt hatte ich in diesem Flugzeug verloren, das in Richtung Singapur flog! Es waren eine Menge Christen an Bord, und was ich da sah, gefiel mir ganz und gar nicht. Sie gaben sich so übertrieben fröhlich, daß es auf mich abschreckend wirkte. Sie sangen geistliche Lieder, riefen einander über die Gänge hinweg etwas zu, hoben immer wieder die Hände und riefen: „Preist den Herrn!“ Es war mir sehr peinlich. Die Freude erschien mir gekünstelt. Sie erinnerte mich an die erzwungene Fröhlichkeit jener Christen, denen ich seinerzeit in den Straßen Londons begegnet war. Wenn das „Reisen in christlichen Kreisen“ bedeuten sollte, dann war das nichts für mich. Es war mir zuwider.

Was die Sache noch schlimmer machte, war die Tatsache, daß diese Reise aus mir völlig unerklärlichen Gründen eine besondere, persönliche Bedeutung für mich zu haben schien. Es war, als sei sie zukunftsweisend für mich.

„O nein, Herr“, sagte ich im stillen. „Das kann doch nicht Dein Ernst sein!“ Inwiefern zukunftsweisend? Würde ich künftig viel Zeit damit verbringen müssen, inmitten lauter, geschäftiger Menschen im Düsenflugzeug zu sitzen? Eben hatte ich in meiner Heimat Wah begonnen, mich in meiner Rolle als Christin wohlzufühlen, aber Wah war eine kleine Provinzstadt, wo alles seinen geregelten Gang ging. Das Christentum stellte für mich eine sehr persönliche Freude dar, die ich auch auf meine eigene Weise weitergeben wollte. Ich fand keinen Gefallen an dem Gedanken, mich vor Hunderten, ja Tausenden von Fremden zur Schau zu stellen.

Als das Flugzeug startete, sah ich aus dem Fenster. Pakistan verschwand unter mir im Nebel. Obwohl ich ja wußte, daß ich schon in wenigen Tagen zurückkehren würde, fühlte ich auf eine sehr deutliche Weise, daß dies einen neuen Lebensabschnitt einleitete. Obwohl ich – physisch gesehen – wieder nach Hause kommen würde, wußte ich, daß ich in einem anderen Sinne niemals mehr zurückkehren würde. Diese Gruppe von Christen im Flugzeug war jetzt mein Zuhause.

Was meinte ich mit solchen Ideen? Ich entsetzte mich über meine eigenen Gedanken.

Vom Flughafen Singapur fuhren wir direkt zur Versammlungshalle, wo die Veranstaltung bereits begonnen hatte. Und plötzlich merkte ich zu meiner eigenen Überraschung, daß diese Gruppe von Christen, die hier versammelt waren, ganz anders auf mich wirkte.

In der Halle waren Tausende von Männern und Frauen – die größte Menschenansammlung, die ich je gesehen hatte. Als ich die Halle betrat, sangen alle „Wie groß bist Du! . . .“ Ich spürte die vertraute Gegenwart des göttlichen Geistes und hatte nicht gewußt, daß man dabei solches Herzklopfen bekommen konnte. Mir kamen die Tränen – nicht vor Traurigkeit, sondern vor Freude. Noch nie habe ich so viele Menschen zusammen den Herrn loben sehen. Ich konnte es kaum fassen. So viele Menschen aus den verschiedensten Ländern! Menschen unterschiedlicher Rasse und Kleidung! Eine unzählbare Zahl lobsingender Christen!

Das war etwas anderes. Kein Vergleich mit den Leuten im Flugzeug. Mir war jetzt klar, was ich da im Flugzeug miterlebt hatte. Es lag auf der Hand. Jene Menschen im Jet waren schüchtern, nervös und vielleicht sogar ängstlich gewesen. Sie hatten Angst vor dem Neuen, Angst vor dem Fliegen gehabt. Ihre frommen Sprüche konnten nicht darüber hinwegtäuschen, daß sie ebensowenig mit dem Heiligen Geist erfüllt waren, wie ich es war, wenn ich einen Dienstboten ausschalt oder einem Onkel gegenüber heftig reagierte, der versuchte, mich für den Islam zurückzugewinnen. Das Problem war ihre Sprache gewesen. Die christliche Ausdrucksweise hatte mich getäuscht. Ich hätte sofort durchschauen sollen, daß die Christen im Flugzeug ihre wahren Gefühle mit gespielter Fröhlichkeit zu überdecken versuchten.

Aber hier in der Vortragshalle war das anders. Das gesellige Beisammensein war zu Ende, der Gottesdienst hatte begonnen. Wenn der prophetische Sinn meiner Reise, den ich gespürt hatte, darin bestand, mit solchen Gruppen zusammenzusein, dann konnte ich das mit Freuden annehmen. Etwas beunruhigte mich noch. Erwartete man wirklich von mir, daß ich mich vor diese Tausende von Menschen stellen und zu ihnen sprechen würde? Wenn ich daheim in Wah mit Menschen, die ich persönlich kannte, über meine Erfahrungen sprach, dann war das natürlich. Aber hier? Mit all diesen fremden Menschen aus so vielen verschiedenen Erdteilen? Ich war ziemlich verunsichert.

Ich eilte in mein Hotel hinüber und versuchte es mir gemütlich zu machen. Aus dem Fenster sah ich das brodelnde Singapur unter mir. Wie anders als zum Beispiel Paris oder London war diese Stadt! Die Menschen drängten sich durch die Gassen, Straßenhändler priesen ihre Waren an, und Autos bahnten sich, ständig hupend, ihren Weg durch die Menschenmenge. Das Gedränge dort unten erschien mir ebenso beunruhigend wie vorhin die vielen Menschen in der Konferenzhalle. Ich erschauerte, zog den Vorhang zu und zog mich zurück, um mich zu beruhigen.

„Ach Herr“, rief ich, „wo ist Dein tröstender Heiliger Geist?“

Und plötzlich erinnerte ich mich an ein Kindheitserlebnis, als ich einmal mit meinem Vater über den Markt von Wah gegangen war. Vater schärfte mir ein, immer neben ihm zu bleiben, aber ich sprühte vor Leben und wollte weglaufen. Schließlich tat ich es. Ein Blumenstand hatte es mir angetan, und ich lief hinüber, um ihn mir anzusehen. Plötzlich merkte ich, daß mein Vater nicht mehr neben mir war. Panische Angst ergriff mich, und ich brach in Tränen aus. „O Vater“, sagte ich, „komm und hol mich, ich will auch nie wieder von dir weglaufen!“ Noch während ich sprach, sah ich ihn – seine hohe, schlanke Gestalt kam durch die Menge rasch auf mich zu. Ich war wieder bei ihm!

Als ich nun im Hotelzimmer saß, merkte ich, daß ich meinen himmlischen Vater tatsächlich wieder verlassen hatte. Indem ich der Angst Tür und Tor öffnete, hatte ich mich aus Seiner schützenden Nähe entfernt. Wann würde ich endlich lernen, daß ich nicht gleichzeitig Angst haben und Gott vertrauen konnte! Ich entspannte mich und hatte meinen inneren Frieden wiedergefunden.

„O danke, Vater", sagte ich, weinend vor Erleichterung. „Bitte vergib mir, daß ich mich von Dir entfernt hatte. Du bist ja da. Du bist auch in dieser Halle. Mir wird nichts geschehen."

Ein paar Minuten später fühlte ich in der Hotelhalle eine Hand auf meinem Arm und vernahm eine vertraute Stimme. Ich drehte mich um und erblickte Dr. Mooneyham.

„Madame Sheikh, wie schön, daß Sie hier sind!" Dr. Mooneyham schien sich zu freuen, daß er mich sah. „Sind Sie noch immer bereit zu sprechen?" Es war, als habe er meine Gedanken erraten.

„Haben Sie keine Sorge um mich, mir geht es gut. Der Herr ist ja da", sagte ich lächelnd.

Dr. Mooneyham stand da und studierte mein Gesicht, als müsse er sich überlegen, wie er meine Worte interpretieren sollte. Schließlich hatte ich mich ebenfalls der christlichen Ausdrucksweise bedient, und er wollte das nicht einfach hinnehmen und sich möglicherweise davon täuschen lassen, so wie es mir im Flugzeug ergangen war. Dr. Mooneyhams Augen ergründeten meine Seele. Dann schien er plötzlich befriedigt.

„Gut", sagte er rasch. „Sie kommen morgen früh dran." Er sah auf die Uhr. „Sie werden jede Menge Gebetshilfe bekommen."

Dr. Mooneyham hatte mich richtig verstanden. Das Gefühl der Geborgenheit hielt auch noch am folgenden Morgen an, als ich mich tatsächlich vor jenen zahllosen Menschen erhob, die da in der Halle versammelt waren, und ihnen erzählte, auf welch seltsame Weise der Herr mich gesucht und gefunden hatte. Es war gar nicht schwierig. Er war bei mir, als ich mich durch meinen Vortrag tastete. Er umfing und ermutigte mich. Er versicherte mir, daß Er selbst sich den Leuten mitteilte. Und als die Menschen mich hinterher in brüderlicher Liebe umringten, war es, als habe ich den ersten Schritt in eine neue Arbeit für den Herrn getan.

Dann waren die Vorträge zu Ende, und ich befand mich wieder auf der Heimreise nach Wah. Noch einmal spürte ich, daß die ganze Reise einen zukunftsweisenden Charakter hatte, so als ob Gott mich gebeten hätte, mit Ihm nach Singapur zu kommen, damit ich mehr von der Arbeit erfuhr, die ich später einmal tun sollte.

Schon gut, dachte ich bei mir, wenigstens werde ich mein Hauptquartier in Wah behalten können. Vielleicht würde es mir gar nicht soviel ausmachen, wenn ich hin und wieder eine Reise unternehmen und mein sicheres altes Zuhause verlassen müßte.

Als der Wagen von der großen Landstraße abbog und auf unser Haus inmitten von Bäumen zusteuerte, konnte ich nicht ahnen, daß der Entwöhnungsprozeß Stück für Stück dieser Sicherheit erschüttern würde.

12. Zeit der Aussaat

Die traurige Nachricht, daß nun auch die Mitchells auf Heimaturlaub gehen und längere Zeit fortbleiben würden, war ein weiterer Schritt auf dem Weg zu meiner inneren Unabhängigkeit.

Seit Singapur war schon über ein Jahr vergangen. Ich saß zusammen mit unserer kleinen christlichen Schar im Wohnzimmer der Mitchells. Es war das letzte Zusammensein vor Davids und Synnoves Abreise. Ich mußte immer wieder daran denken, wie ich dieses Haus als suchender Mensch zum ersten Mal betreten hatte.

Wieviel war seitdem geschehen! – Ich blickte die beiden Lieben an, die mir bei der Hinführung zu Christus eine solche Hilfe gewesen waren:

Der hochgewachsene David mit langsam ergrauendem Haar, und die ernsthafte Synnove, die so treu für mich gebetet hatte.

„Ich werde Sie beide schrecklich vermissen“, sagte ich, als wir alle draußen auf dem kleinen Rasenstück vor dem Haus standen. „Wie soll ich nur ohne die Gemeinschaft mit euch zurechtkommen?“

„Vielleicht lehrt Sie der Herr, ohne uns auszukommen“, sagte Synnove. „Er bringt uns in immer neue Verhältnisse, an denen wir innerlich wachsen sollen, bis wir außer ihm keinen festen Halt mehr haben.“

Das klang gut, aber ich war trotzdem nicht bereit dazu. Es sollte bleiben wie bisher, und das sagte ich Synnove auch. Aber sie lachte nur und meinte: „Natürlich nicht, liebe Bilquis. Wer will auch schon freiwillig hinaus in die kalte Welt? Aber das Wagnis wird von uns gefordert!“

Synnove stieg in das alte Auto und schloß die Tür. Noch eine letzte Umarmung durch das Fenster, und dann rollte der Wagen der Mitchells durch den Staub davon, fort von den weißgetünchten Häusern, die während des Krieges als Offiziersquartiere gedient hatten. Das Auto verschwand um die Ecke. In der Tat ein Wagnis! Da war ich nun – eine einsame Christin inmitten einer moslemischen Umgebung. Würde ich es allein schaffen?

Mehrere Wochen verstrichen, in denen es mir, ehrlich gesagt, schwerfiel, etwas von dem Abenteuer zu erahnen, das Synnove mir verheißen hatte, oder gar von dem Ziel und Zweck der damaligen Voraussagen Ken Olds. Es schien seit ihrer Abreise schon eine Ewigkeit vergangen zu sein. Die sonntäglichen Abendversammlungen der Christen gingen weiter, zuerst in einem, dann im anderen Heim der fünf Übriggebliebenen; aber ohne die Anleitung der Olds und der Mitchells quälten sich die Gespräche mühsam dahin.

Dann kam mir eines Abends nach einer träge verlaufenen Versammlung ein Gedanke. Machten wir vielleicht einen Fehler, indem wir versuchten, die Abende genauso zu gestalten, wie es die Mitchells und die Olds getan hatten? Unsere kleine Gruppe hatte keine Wachstumschance, wenn nicht Neue hinzukämen. Was würde geschehen – und schon bei dem Gedanken schlug mein Herz rascher –, was würde geschehen, wenn wir Menschen in unsere Gemeinschaft einluden, die keine Akademiker waren – keine Ärzte, Ingenieure und Missionare? Angenommen, wir würden sowohl Christen als auch Nichtchristen einladen, mit uns Gemeinschaft zu haben – auch die Straßenkehrer und andere Angehörige der unteren Schichten. Vielleicht sogar in meinem eigenen Haus, da es groß war und sich für diesen Zweck eignen würde. Als ich der Gruppe diesen Vorschlag unterbreitete, äußerte sie zunächst Bedenken, gab aber dann zögernd ihre Zustimmung. Wir beschlossen es zu versuchen, und ich ließ bekanntgeben, daß

Sonntagabend in meinem Hause eine christliche Versammlung stattfinden würde.
Ich war überrascht, wie viele Menschen zusammenkamen. Die meisten waren aus Rawalpindi, wohin die Kunde ebenfalls gedrungen war. Und, wie ich gehofft hatte, es waren auch Nichtchristen darunter. Sie waren gekommen, um einfach mehr über den Gott der Christen zu erfahren. Wir Mitglieder des ursprünglichen Kreises übernahmen die Leitung, sangen und beteten und taten, was wir konnten, um auf die individuellen Bedürfnisse der Dienstmädchen, Tagelöhner, Lehrer und Geschäftsleute einzugehen, die sich in meinem Hause eingefunden hatten.
Bald war ein neuer Geist bei den sonntäglichen Versammlungen zu spüren. Ich und die anderen Leiter der Gruppe, die wir die ganze Verantwortung trugen, verbrachten viele Stunden auf den Knien, Stunden, die uns dem Herrn und Seinem Wort nahebrachten. Wir wollten sichergehen, daß wir in keiner Weise von der Richtung, die Er uns weisen wollte, abwichen. Mit einemmal wurde die „fruchtlose" Periode, die ich durchlebt hatte, völlig umgekehrt. Ich wurde Zeuge echter Bekehrungen. Als erste kam eine junge Witwe zum Herrn. Sie weinte ihren Schmerz und ihre Einsamkeit aus ihrem Herzen heraus und bat den Herrn, bei ihr einzukehren. Es war sehr beeindruckend, mitzuerleben, wie aus einem bedrückten, hilflosen Wesen ein hoffnungsfrohes Gotteskind wurde. Kurz darauf kam ein Mechaniker aus einer nahegelegenen Werkstatt zum Glauben. Dann entschieden sich ein Büroangestellter und ein Straßenkehrer für den Weg mit Christus.
Und das alles in meinem Hause. Darüber war ich sehr glücklich, fragte mich allerdings öfter, wann meine Familie beginnen würde, gegen diese „Beschmutzung" unseres guten Rufes zu protestieren. Es beschwerte sich jedoch niemand. Jedenfalls noch nicht. Es war, als wolle sich die Familie gar

nicht eingestehen, was eigentlich vorging. Eines Tages stolperte ich auf der Terrasse über eine lose Fliese, fiel hin und zog mir einen leichten Knochenbruch zu. Meine Verwandten besuchten mich nicht; sie riefen statt dessen an. Wenigstens das taten sie!

Wenn auch der Widerstand gegen mein langsam wachsendes Christenleben von seiten meiner Familie geringer wurde, so kam er manchmal doch noch aus mir selbst. Ich war noch immer eine unabhängige, selbstbewußte Person, die sehr auf ihren Besitz achtete und ihr Land und ihren Garten als persönliches Eigentum betrachtete.

Gegenüber meinem Haus, auf der anderen Seite des Rasens, führte eine Straße zu den Dienstwohnungen. Neben dieser Straße stand ein Baum, ‚Ber' genannt, der rote, kirschenähnliche Früchte trug. In jenem Sommer nach der Abreise der Mitchells begannen Dorfkinder (vielleicht durch die Gerüchte ermutigt, daß ich mich verändert hätte), einfach in mein Grundstück einzudringen, den Baum zu erklimmen und sich die Früchte zu holen. Das war an sich schon frech genug, aber als ihr Geschrei und Gekreische meine Mittagsruhe störte, beugte ich mich aus dem Fenster und befahl dem Gärtner, sie fortzujagen. Noch am selben Tag ließ ich den Baum umhauen. Das würde das Problem ein für allemal aus der Welt schaffen!

Sobald der Baum gefällt war, merkte ich, was ich getan hatte. Mit dem Baum waren auch die Freude und der Friede Seiner Gegenwart von mir gewichen. Lange Zeit stand ich am Fenster und starrte auf die Stelle, an der er gestanden hatte. Wie sehr wünschte ich jetzt, der Baum wäre noch dort, und ich könnte die Freudenschreie der Kinder noch hören! Mir wurde schmerzlich bewußt, wie die wahre Bilquis Sheikh aussah. Allein durch des Herrn Gnade war eine Wandlung möglich.

„O Herr“, sagte ich, „laß mich doch bitte in Deine Nähe zurückkommen!“ Mir blieb nur ein Ausweg. In meinem Garten gab es überall große Bäume, die voller Sommerfrüchte hingen. Am nächsten Tag ließ ich bekanntmachen, daß die Dorfkinder zur Ernte eingeladen seien. Sie kamen auch. Obwohl ich bestimmt glaube, daß sie sich vorsahen, wurden doch Äste abgebrochen und Blumen niedergetreten.

„Ich glaube, ich begreife jetzt, was Du vorhast, Herr“, sagte ich eines Nachmittags, nachdem die Kinder gegangen waren, und ich den Schaden besah. „Für Dich war der Garten etwas, was noch zwischen uns stand. Du hast ihn mir weggenommen, um ihn anderen zu geben. Aber sieh, wie sie sich gefreut haben! Es ist jetzt Dein Garten. Ich übergebe ihn Dir mit Freuden. Danke, daß Du mich dadurch wieder in Deine tröstende Nähe zurückholst.“

Er tat es auch, und zwar solange, bis ich wieder einmal eine neue Zurechtweisung brauchte.

Diesmal war es nicht der Garten, sondern meine kostbare Mittagsruhe.

An einem kalten November-Nachmittag hielt ich Mittagsruhe, als Mahmud ins Zimmer schlüpfte. Er wuchs heran, und man konnte an seinem gutgeschnittenen Gesicht schon jetzt sehen, daß er einmal ein schöner Mann werden würde. Jetzt war sein Gesicht jedoch besorgt.

„Mum, da draußen ist eine Frau, die mit dir sprechen will. Sie hat ein Baby im Arm.“

Ich hob den Kopf. „Mahmud“, sagte ich, meine eigenen Anweisungen vergessend, die ich Nur-jan und Raisham gegeben hatte. „Du bist jetzt acht Jahre alt! Du weißt doch, daß ich zu dieser Tageszeit keinen Besuch haben möchte!“

Mahmud hatte das Zimmer kaum verlassen, als mir einfiel: Was hätte der Herr in diesem Fall getan? Und natürlich wußte ich, was Er getan hätte. Er wäre sofort zu der Frau gegangen,

selbst wenn sie Ihn mitten in der Nacht gestört hätte.
Ich rief nach Mahmud, der noch nicht so weit gegangen war, daß er mich nicht hören konnte. Noch einmal steckte er sein braunes Gesicht durch die Tür.
„Mahmud“, sagte ich, „was will die Frau?“
„Ich glaube, ihr Kind ist krank“, sagte Mahmud. Ich sah die Besorgnis in seinen Augen.
„Na gut, bring sie ins Empfangszimmer“, wies ich ihn an, während ich mich anschickte hinunterzugehen.
Kurz darauf war ich bei Mahmud, der Frau und ihrem Kind. Die Frau trug die derbe, sackartige Kleidung der Bauern. Sie hätte die Großmutter des Kindes sein können, so runzlig war ihr Gesicht. Ihre Kleidung schlotterte lose um ihren dünnen Körper, und ihre Schultern hingen müde herunter. Als sie den Kopf hob und mich mit ihren tiefbraunen Augen ansah, bemerkte ich, daß sie selbst noch ein halbes Kind war.
„Was kann ich für dich tun?“ fragte ich voller Mitleid. „Ich habe in meinem Dorf von Ihnen gehört, und da bin ich zu Fuß hergekommen.“ Der Ort, von dem sie sprach, war zwölf Meilen entfernt. Kein Wunder, daß das arme Geschöpf so müde aussah. Ich schickte nach Tee und Broten und fragte mich, ob sie das Baby wohl noch stillte; in manchen Dörfern stillen die Mütter ihre Kinder, bis sie drei Jahre alt sind. Das Baby starrte gleichgültig auf den Kristalleuchter an der Decke, der kleine Mund bewegte sich nicht. Ich legte die Hand auf die Stirn des Kindes, um für es zu beten; sie war heiß und trocken. Als ich meine Hand auch auf die Stirn der Mutter legte, stellte ich mir das Entsetzen meiner Familie vor. Früher wäre es auch für mich undenkbar gewesen, wenn auch nur der Schatten dieser Bauersfrau auf mich gefallen wäre.
Ich fühlte tiefes Mitleid mit der jungen Mutter und ihrem Kind, als ich Gott im Namen Jesu um Heilung bat. Als das Mädchen kam, sagte ich ihr, sie solle noch ein Vitaminpräparat

für die Mutter holen. Die Frau blieb eine halbe Stunde und erzählte mir von ihrem Leben an der Seite eines Mannes, der durch einen Unfall verkrüppelt war, von dem kleinen Kind, von dem Mangel an Lebensmitteln. Und dabei stillte sie das Baby – es war die billigste Ernährungsweise. Als die Mutter sich schließlich zum Gehen anschickte, hielt ich sie zurück.

„Nein", flüsterte ich, „noch nicht. Wir müssen erst einen Weg finden, damit für Sie und das Kind gesorgt wird."

Noch während ich das sagte, begann die alte Bilquis Sheikh in mir nervös zu werden. Wenn nun alle bedürftigen Leute in Wah erfuhren, daß die Begum Sahib in dem großen Garten heilende Hände hatte? Würden wir dann nicht binnen kurzem von lauter mageren, ausgemergelten, kranken und verzweifelten Menschen überschwemmt werden?

Aber noch als ich im stillen diese Frage stellte, wußte ich, daß ich keine Wahl hatte. Entweder hatte ich es ernst gemeint, als ich mich selbst und *alles*, was mir gehörte, dem Herrn übergab, oder aber ich hatte gelogen. „. . . und natürlich braucht auch dein Mann ärztliche Hilfe. Wir wollen euch alle im Krankenhaus anmelden. Und wir wollen sehen, daß ihr etwas Anständiges zu essen bekommt. Und wenn dein Mann dann noch immer keine Arbeit findet, sag' mir Bescheid."

Und dann ging sie. Ich ordnete im Krankenhaus an, daß die Rechnung an mich geschickt werden sollte, und wartete. Die Frau kehrte jedoch nie mehr zurück. Ich war ein wenig erstaunt. Als ich die Dienstboten fragte, was mit ihr geschehen sei, hatten sie – wie üblich – die Antwort parat. Sie und das Kind und ihr Mann waren tatsächlich im Krankenhaus gewesen, und jetzt ging es ihnen allen besser. Der Mann hatte Arbeit gefunden. Mein altes Ich lehnte sich zunächst gegen die Undankbarkeit dieser Frau auf, die nicht einmal kommen und sich bedanken konnte. Aber der Herr stellte mich zur Rede: „Hast du ihr deshalb geholfen? Damit sie dir danken kann? Ich

dachte, der Dank sollte allein mir zukommen!"
Und natürlich hatte Er recht. Ich kehrte in Gedanken zu dem Augenblick zurück, in dem *ich* die Fürsorge für diese Frau übernommen hatte. Dann bat ich den Herrn, mir zu vergeben und nie wieder zuzulassen, daß ich in diese Falle ging. „Herr", seufzte ich, „Dein Arm muß schon ganz müde sein, weil er mich so oft wieder aufrichten muß."

In jener Zeit hatte es den Anschein, als gelänge es mir nur selten, wirklich in unmittelbarer Nähe meines Herrn zu leben, als fiele ich ständig in Mißerfolge zurück. Ich fragte mich, ob das in den ersten Jahren eines Christendaseins immer so sein mußte. Da ich damals niemanden hatte, mit dem ich darüber reden konnte, mußte ich diese Fragen mit mir selbst herumtragen.

Eines Morgens, als Nur-jan gerade mit meiner Toilette beschäftigt war, flatterte ein Rotkehlchen auf den Fenstersims.

„Oh", rief ich aus, „sieh doch, was der Herr uns heute morgen schickt!"

Schweigend bürstete Nur-jan weiter. Ich war etwas erstaunt, denn sonst war sie doch so gesprächig. Dann bemerkte sie schüchtern: „Begum Sheikh, wissen Sie, daß Sie jedesmal ganz anders aussehen, wenn Sie von Gott reden?"

An jenem Nachmittag bestellte ich in der Missionsbuchhandlung von Islamabad noch mehr Bibeln. Es handelte sich um Bibeln, die besonders für Kinder bestimmt waren. Ich hatte bei Mahmud gesehen, wie nützlich diese waren. Ich bemerkte auch, daß die Dienstboten im Hause sie immer wieder aufnahmen und in den bunt bebilderten kleinen Büchern blätterten. Als die Bibeln eintrafen, überreichte ich Nur-jan eine davon. Wie groß war meine Freude, als sie eines Tages zu mir kam und mit mir allein sprechen wollte.

„Begum Sahib", sagte Nur-jan, und ihr pausbäckiges Gesicht

verriet Bewegung. „Ich muß Ihnen etwas sagen. Wissen Sie noch, wie oft Sie uns gesagt haben, daß wir diesen Jesus nur bitten sollten, in unser Herz zu kommen, wenn wir Ihn kennenlernen wollten?“ Sie brach in Tränen aus. „Ich habe es getan, Begum Sahib. Und Er ist wirklich gekommen. Ich habe noch nie in meinem ganzen Leben so viel Liebe gefühlt!“

Ich traute meinen Ohren nicht. Ich umarmte das Mädchen herzlich und tanzte mit ihr, vor Freude weinend, im Zimmer umher.

„Welch unglaubliche Nachricht, Nur-jan. Jetzt sind wir drei Christinnen – du und Raisham und ich. Das müssen wir feiern!“

Und so tranken Raisham, Nur-jan und ich zusammen Tee. Es war nicht das erste Mal, daß ich mit Dienstboten Tee trank. Während wir drei Christinnen nun behaglich unseren Trank schlürften und unseren Kuchen aßen und dabei plauderten wie alte Freundinnen, schweiften meine Gedanken zurück. Was war mit der Frau geschehen, die sich in eben dieses Landgut zurückgezogen hatte, um sich vor der wohlhabenden Gesellschaft zu verstecken? Hier saß sie und trank mit den Dienstmädchen Tee. Wie entsetzt würden meine Verwandten und meine Freunde sein! Wie würden sie sich wundern! Ich dachte an die Art und Weise, wie ich früher meinen Enttäuschungen in scharfen Befehlen und Wutausbrüchen Luft gemacht hatte. Wenn ich auf einer Stuhllehne Staub entdeckte, wenn die Diener in der Küche zu laut redeten, wenn ich einen Augenblick auf mein Mittagessen warten mußte, dann konnte der ganze Haushalt sicher sein, daß ich eine Strafpredigt halten würde. Der Herr hatte wirklich an mir gearbeitet, und Seine Nähe erfüllte mich mit großer Befriedigung.

Ich wollte durchaus keine Heilige werden. Aber ich fing an zu lernen, daß ich es meiner Verantwortung, in Jesus zu leben, schuldig war, nichts zu tun, was Seinen Namen entehren

würde. Er lehrte mich auch, daß Taten beredter waren als Worte, wenn es darum ging, für Ihn Zeugnis abzulegen.
Dann fiel mir bei unseren Abendversammlungen etwas Seltsames auf. Nur-jan war nicht unter dem Dutzend Dorfleute, die im Empfangszimmer mit uns zusammensaßen. Wie seltsam! Nachdem sie eines Morgens mit meiner Frisur fertig geworden war, bat ich sie, noch einen Augenblick dazubleiben und fragte sie dann, ob sie an diesem Sonntag nicht kommen wolle.
„Aber Begum", sagte Nur-jan, und sie wurde blaß, „ich kann nicht über das, was mir geschehen ist, sprechen, und ich kann auch zu keiner Versammlung gehen. Mein Mann ist ein frommer Moslem. Wir haben vier Kinder. Wenn ich sage, ich sei Christin geworden, wirft er mich einfach hinaus."
„Aber du *mußt* deinen Glauben bekennen", beharrte ich. „Es gibt keine andere Möglichkeit."
Nur-jan sah mich unglücklich an und verließ dann das Zimmer. Im Hinausgehen schüttelte sie noch den Kopf und murmelte: „Aber es geht einfach nicht!"
Ein paar Tage danach besuchte ich Schwester Ruth, die ich im Holy-Family-Krankenhaus ebenfalls kennengelernt hatte. Ich unterhielt mich immer sehr gerne mit ihr. Die Schwester erwähnte, daß viele Menschen in Pakistan zu den heimlichen Christen gehörten.
„Heimliche Christen?" rief ich aus. „Ich verstehe nicht, wie so etwas möglich ist. Wenn man Christ ist, muß man das doch laut verkünden!"
„Nun", sagte Schwester Ruth, „sehen Sie sich Nikodemus an!"
„Nikodemus?"
„Er war ein heimlicher Christ. Lesen Sie im dritten Kapitel des Johannes-Evangeliums nach."
Sogleich schlug ich die Bibel auf und fing an zu lesen, wie dieser Pharisäer eines Abends zu Jesus kam, um mehr über Sein

Königreich zu erfahren. Ich hatte dieses vielsagende Kapitel schon oft vorgenommen, aber erst jetzt verstand ich, daß Nikodemus tatsächlich ein heimlicher Anhänger des christlichen Glaubens gewesen sein mußte.

„Vielleicht hat Nikodemus seinen Glauben zu einem späteren Zeitpunkt einmal öffentlich bekannt", erklärte die Nonne. „Soviel wir jedoch aus der Schrift ersehen können, paßte er auf, daß die übrigen Pharisäer nichts davon merkten."

Am nächsten Tag rief ich Nur-jan zu mir ins Zimmer und las ihr die Verse über Nikodemus vor. „Es tut mir leid, daß ich dich in Unruhe versetzt habe", sagte ich. „Gott wird dir zu Seiner Zeit zeigen, wie du deinen Glauben bekennen kannst. Einstweilen achte nur sorgfältig auf Seine Weisung."

Ihr Gesicht hellte sich auf. Später hörte ich, wie sie bei ihrer Arbeit fröhlich vor sich hin summte. „Hoffentlich habe ich richtig gehandelt, Herr", sagte ich. „Ich muß nur aufpassen, daß ich mich über niemanden zum Richter erhebe."

Nur wenige Tage später wurde mir mit neuer Deutlichkeit bewußt, wie schwierig es war, in diesem Teil der Welt Christ zu sein.

Eines Nachmittags klingelte das Telefon. Es war einer meiner Onkel, ein Verwandter, der besonders hart gegen mich gewesen war. Selbst als der Boykott langsam zu schmelzen begann, hatte dieser Onkel nie etwas von sich hören lassen. Seine Stimme am Telefon klang scharf.

„Bilquis?"

„Ja."

„Ich hörte, du führst andere Menschen in die Irre. Du hältst sie vom wahren Glauben ab."

„Nun, lieber Onkel, das ist Ansichtssache."

Ich konnte mir vorstellen, wie das Gesicht des Mannes vor Zorn rot wurde. „Wenn du dich selbst zu solch einem Schritt entschließt, ist das deine Sache. Nicht aber, wenn andere

deinem Beispiel folgen. Du mußt damit aufhören, Bilquis."
„Onkel, es ist schön, daß du dich um mich sorgst, aber ich muß dich daran erinnern, daß du dein Leben führen mußt und ich meines führen werde."
Am nächsten Tag fuhr mein neuer Chauffeur mich von einem Besuch bei Tooni nach Hause. Da erschien auf der Straße ein Mann und versuchte, das Auto anzuhalten. Mein Chauffeur wußte, daß ich oft anhielt, um Anhalter mitzunehmen. Aber diesmal war er nicht dazu bereit.
„Bitte verlangen Sie nicht von mir, daß ich anhalte, Begum", sagte er mit entschlossener Stimme. Er kurvte mit quietschenden Reifen um den Mann herum.
„Was willst du damit sagen?" Ich beugte mich auf meinem Sitz vor. „Du meinst doch nicht, dieser Mann wollte . . .?"
„Begum . . ."
„Ja?"
„Es ist nur . . ." stotterte der Mann, und es war nichts weiter aus ihm herauszubekommen.
Eine Woche danach schlüpfte eine Dienerin in mein Zimmer, als ich mich eben zu meiner Mittagsruhe zurückgezogen hatte. Sie schloß hinter sich die Tür.
„Ich hoffe, Sie nehmen es mir nicht übel", sagte sie leise, „aber ich muß Sie einfach warnen. Mein Bruder war gestern in der Moschee in Rawalpindi. Eine Gruppe von jungen Männern sprach von dem Schaden, den Sie anrichteten. Sie sagten immer wieder, es müßte etwas geschehen. Bald. Um Sie zum Schweigen zu bringen."
Mit zitternder Stimme fuhr das Mädchen fort: „O Begum Sahib, müssen Sie denn so offen sein? Wir haben Angst um Sie und den Jungen."
Ich erschrak. Jetzt war es an mir zu überlegen, ob ich in diesem Land nicht besser eine heimliche Christin geblieben wäre – und in dieser Familie, in der Jesus als Erlöser abgelehnt wurde.

13. Sturmwarnung

Zwei Monate vergingen, nachdem ich diese Drohungen gegen mich vernommen hatte. Es passierte eigentlich nichts Außergewöhnliches, wenn man von den drohenden Blicken absieht, die ich von ein paar jungen Männern geerntet hatte.
Es war wieder Weihnachtszeit, ein paar Jahre, nachdem ich dem Kind in der Krippe begegnet war. Obwohl mich Verwandte hin und wieder besucht hatten, erinnerte mich der warnende Telefonanruf meines Onkels doch daran, daß die Beziehungen innerhalb meiner Familie noch immer gespannt waren. Ich meinte daher, es sei gut, wenn ich Verwandte und Freunde zu einem Abendessen einlüde, um auf diese Weise etwas dazu beizutragen, den Bruch zu heilen.
Ich verbrachte also ziemlich viel Zeit damit, eine Gästeliste zusammenzustellen. Eines Abends legte ich diese Liste vor dem Schlafengehen in meine Bibel, wo ich sie gut aufgehoben wußte, um die Einladungen am folgenden Morgen abzuschikken. Aber dazu sollte es nicht mehr kommen.
Als ich nämlich am nächsten Morgen die Bibel aufschlug, um die Liste herauszunehmen, fiel mein Blick auf folgende Schriftstelle:

> „Wenn du ein Essen gibst, dann lade nicht deine Freunde ein, deine Brüder, Verwandten oder reiche Nachbarn. Sie laden dich dann nur wieder ein, und damit hast du deinen Lohn. Wenn du ein Festessen gibst, dann lade lieber Arme, Krüppel, Lahme und Blinde ein. Du darfst dich darüber freuen, daß sie es dir nicht vergelten können. Denn Gott selbst wird es dir vergelten, wenn er die vom Tod erweckt, die getan haben, was ihm gefällt."
> (Lukas 14, 12)

Ich zerknüllte die Liste.

Statt dessen tat ich genau das, was mir die Bibel vorschrieb. Ich stellte eine Liste von Witwen, Waisen, Arbeitslosen und Armen des Dorfes zusammen und lud sie alle zu einem weihnachtlichen Festmahl ein. Keiner war ausgeschlossen, nicht einmal die Bettler. Manche Einladungen überbrachte ich selbst, andere ließ ich durch meine Dienstboten austragen. Solche Nachrichten verbreiten sich im Nu, und bald berichteten mir meine Diener, daß das ganze Dorf kommen wolle. Einen Augenblick lang war mir unbehaglich zumute. Alle diese Leute . . . Ich dachte an die beiden handgeknüpften Perserteppiche, die ich erst vor kurzem für mein Wohnzimmer angeschafft hatte. Egal, dachte ich, ich konnte die wertvollen Gegenstände ja solange aus dem Weg schaffen.
Wir begannen also mit den Vorbereitungen. Die Begeisterung des achtjährigen Mahmud wirkte ansteckend, als er mir half, für die vielen Gäste Geschenke zusammenzusuchen. Wir besorgten wollene Hemden für die Jungen, bunte Kleider für die Mädchen, ganze Ballen von rotem, rosarotem und purpurfarbenem Stoff für die Frauen, warme lange Hosen für die Männer, Kleidung und Schuhe für die Kinder. Gemeinsam mit den Dienstboten verbrachten wir viele Stunden damit, die Geschenke einzupacken und mit Silberband zu verschnüren.
Eines Tages klopfte es. Vor der Tür standen einige Frauen aus Wah. Sie wollten helfen. „Nicht für Geld, Begum“, erklärte die Anführerin. „Wir wollen Ihnen nur bei den Vorbereitungen helfen.“
Plötzlich war das Festmahl Gemeinschaftssache geworden. Ich gab einer Töpferfamilie aus dem Dorf den Auftrag, zur Dekoration kleine Öllampen herzustellen, die in diesem Winkel Pakistans noch immer gebräuchlich waren. Ich bestellte fünfhundert Stück. Die Dorffrauen ließ ich ins Haus kommen und Dochte herstellen, die wir aus Baumwollsträn-

gen drehten. Bei der Arbeit ergaben sich natürlich Gelegenheiten zum Gespräch über Christus. Als wir zum Beispiel die Öllampen im Haus verteilten, erzählte ich die Geschichte von den klugen und den törichten Jungfrauen.
Das Festmahl selbst erwies sich als neue, aufregende Aufgabe. Wieder halfen mir die Dorffrauen, typisch pakistanische Süßigkeiten, wie Mandelscheiben und die köstlichen Legusnüsse, herzustellen. Sie stampften Silberpapier zu so feinen Streifen, daß wir sie als farbenfrohe Dekoration auf die Süßigkeiten stecken konnten.
Am 24. Dezember begannen die Leute aus dem Dorf im Hause einzutreffen und setzten ihre Besuche die ganze Weihnachtswoche über fort. Die vielen Lampen erleuchteten jeden Winkel des Hauses festlich, denn sie standen auf allen Fenstersimsen und Geländern. Mahmud vergnügte sich herrlich beim Spiel mit den Dorfkindern. Noch nie hatte ich diese Kinderaugen so strahlen sehen, auch Mahmuds nicht. Geschrei und Gelächter erfüllten das Haus. Von Zeit zu Zeit kam Mahmud mit neuen Anliegen zu mir.
„Mum“, sagte er zum Beispiel, „da stehen noch fünf Jungen draußen; dürfen sie hereinkommen?“
„Natürlich“, lachte ich, und gab ihm einen liebevollen Klaps auf den Rücken. Bestimmt waren in diesem Augenblick mehr Kinder in unserem Haus, als es im ganzen Dorfe gab. Wenn ich den Leuten erzählte, daß Christus uns gelehrt habe, so miteinander umzugehen, dann antworteten sie: „Hat Er sich wirklich mit Leuten wie uns eingelassen?“
„Ja“, sagte ich, „und was wir unserem Nächsten tun, das tun wir Ihm.“
Als die Festlichkeiten schließlich vorüber waren und ich ohne Furcht, mich versehentlich auf ein schlafendes Kind zu setzen, in einen Sessel sinken lassen konnte, seufzte ich befriedigt und fragte den Herrn: „Habe ich nun das Richtige getan?“ Und ich

meinte die leise Antwort zu vernehmen: „Ja." Dann fiel mir ein, daß ich ja ganz vergessen hatte, die neuen Perserteppiche in Sicherheit zu bringen. Sie schienen jedoch überhaupt nicht gelitten zu haben.

Viele der Armen aus der Gegend von Wah vergaßen dieses Fest nie. Etwa einen Monat danach erfuhr ich durch einen der Dienstboten von einem Begräbnis im Dorf. Die Frau des örtlichen Mullah beschwerte sich laut darüber, daß ich einen schweren Fehler begangen hätte, meinen moslemischen Glauben aufzugeben. Da entgegnete ihr jemand aus der Menge: „Haben Sie die Begum Sahib denn kürzlich gesehen? Haben Sie etwa so gehandelt, wie sie es tut, seitdem sie Christin ist? Wenn Sie etwas von Gott erfahren wollen, dann gehen Sie am besten hin und besuchen Sie sie!"

Es gab aber auch andere Stimmen. Ich erfuhr, daß in Wah Mächte mobil wurden, die mein Fest durchaus nicht wohlwollend beurteilten.

„Begum Sahib", sprach mich ein alter Mann eines Tages an, der hin und wieder in meinem Garten arbeitete.

„Einen Augenblick, bitte?"

„Natürlich."

„Begum Sahib Gi, in der Stadt gehen Gerüchte um, von denen Sie wissen sollten. Man sagt, die Begum sei zu einem Stein des Anstoßes geworden. Es gibt Leute im Dorf, die meinen, man müsse Ihretwegen etwas unternehmen."

„Meinetwegen?" fragte ich. „Ich verstehe nicht."

„Ich auch nicht, Begum Sahib. Ich meinte ja nur, Sie sollten es wissen . . ."

Warnungen dieser Art wurden im Laufe des nächsten Jahres mit immer größer werdender Regelmäßigkeit an mich herangetragen. Manchmal kamen sie dicht hintereinander, dann wieder verstrichen dazwischen Monate. Es war, als bereite der Herr mich auf eine schwere Zeit vor.

Eines Tages erschienen zum Beispiel drei kleine Jungen aus dem Dorf bei uns. Später fragte ich mich, ob es wohl Gottes Boten waren, die in ihrer Gestalt zu mir kamen. Mahmud kam gleich darauf aufgeregt angelaufen. Er zitterte, und seine Augen waren vor Angst weit geöffnet.

„Mum, weißt du, was meine Freunde gesagt haben? Sie haben gesagt, im Dorf seien Leute, die dich töten wollten. Sie planten dies für Freitag nach dem Nachmittagsgebet." Er fing an zu schluchzen. „Wenn du stirbst, dann bringe ich mich um!"

Was sollte ich tun? Ich nahm den achtjährigen kleinen Kerl in meine Arme, strich ihm über die wirren, schwarzen Haare und versuchte ihn zu trösten. „Mein liebes Kind", sagte ich, „ich will dir eine Geschichte erzählen." Und ich erzählte ihm von der ersten Predigt Jesu in Nazareth, wo die Menschenmenge so wütend wurde, daß sie Ihn steinigen wollte. „Mahmud", sagte ich, „Jesus ging mitten durch sie hindurch. Sie konnten Ihm nichts anhaben, es sei denn, der Vater im Himmel hätte es erlaubt. Das gilt auch für dich und für mich. Wir stehen unter Seinem Schutz. Glaubst du das?"

„Meinst du, es wird uns niemals etwas Böses geschehen?"

„Nein, das meine ich nicht. Jesus mußte auch leiden. Aber erst, als Seine Stunde gekommen war. Wir brauchen nicht in ständiger Angst zu leben, daß uns etwas Schreckliches zustoßen könnte . Es kann uns nichts geschehen, bis unsere Stunde gekommen ist. Vielleicht kommt diese Stunde nie. Wir müssen einfach abwarten, aber in der Zwischenzeit können wir im Vertrauen auf Ihn leben. Verstehst du das?"

Mahmud sah mich an, und seine braunen Augen hatten einen weichen Ausdruck. Plötzlich lächelte er, sauste herum und rannte fröhlich zu seinen Kameraden, um mit ihnen zu spielen. Es war die beste Antwort auf meine Frage, die er mir geben konnte.

Ich wünschte, mir wäre ebenso froh zumute gewesen. Nicht daß ich an dem, was ich Mahmud erklärt hatte, selbst gezweifelt hätte. Es lag wohl eher daran, daß mein Glaube noch nicht kindlich genug war. Ich stand auf und nahm meine Bibel mit in den Garten hinaus. Das Herz war mir schwer. Wie konnten sie es wagen, mich von meinem Grund und Boden vertreiben zu wollen!

Das Herbstwetter war frisch und trocken. Während ich langsam den Kiesweg entlangging, hörte ich in meinem kleinen Bach einen Fisch plätschern und vernahm aus einiger Entfernung den Ruf eines Vogels. Chrysanthemen und andere spät blühende Sommerblumen schmückten den Wegrand. Ich atmete die angenehm prickelnde Luft ein. Dies war mein Land, mein Volk. Es war mein Vaterland. Meine Familie hatte ihm siebenhundert Jahre lang treu gedient. Das konnte doch niemand so leicht vergessen . . .

Hier war meine Heimat, und ich konnte und wollte sie nicht verlassen!

Die Dinge nahmen jedoch eine Wendung, die ich nicht in der Hand hatte, und es sah nicht gut aus für meine eigensinnige Entschlossenheit, um jeden Preis in meiner Heimat zu bleiben.

Im Dezember 1970, vier Jahre nach meiner Bekehrung, fanden in Pakistan die ersten Volkswahlen statt. Es schien, als würde die Volkspartei den Sieg davontragen. Und das war für mich nicht gerade von Vorteil, denn von meinen Freunden in höheren Kreisen gehörte keiner dieser Partei an. „Islam unser Glaube, Demokratie unsere Politik, Sozialismus unsere Wirtschaftsform" – so lautete der Wahlspruch der neuen Partei. Er sollte den Mann auf der Straße ansprechen. Ich weiß, daß Angehörige des einfachen pakistanischen Volkes damit ein neues Machtgefühl erhielten. War das gut für mich? Wahrscheinlich war es gut für die neue Bilquis, aber es war auch gefährlich für sie; denn nichts schürt den Eifer eines Fanatikers mehr als das Bewußtsein, daß die Regierung ihm den Rücken stärkt. Mein alter Ruf war bestimmt nicht der einer Demokratin; der Sozialismus paßte nicht in die jahrhundertealte Tradition unserer Familie. Und der Islam? Nun – den hatte ich ja jetzt verraten.

Ich verfolgte die Ereignisse aus einiger Entfernung. Eines Tages traf ein alter Freund meines Vaters aus Sardar ein. Trotz seiner Verzweiflung wegen meines neuen Glaubens hatte er versucht, mir nahe zu bleiben. Von Zeit zu Zeit pflegte er mich anzurufen oder hereinzuschauen, einfach um sich davon zu überzeugen, daß alles in Ordnung war.

Jetzt saß er mit mir auf dem weißen Seidendiwan in meinem Wohnzimmer und schlürfte Tee.

„Bilquis“, sagte er mit leiser Stimme, „bist du dir darüber im klaren, was vorgeht, und wie sehr du davon betroffen werden kannst?“

„Meinst du das Vordringen der pakistanischen Volkspartei?“

„Sie hat die Wahlen natürlich gewonnen. Was weißt du von Zulfikar Ali Bhutto?“

„Ich habe ihn einmal gut gekannt“, sagte ich.

„Liest du keine Zeitung? Hörst du keine Nachrichten?“

„Nein, du weißt, daß ich mir dafür keine Zeit nehme.“

„Das solltest du aber. Die Situation in der Regierung hat sich geändert. Ich bezweifle, daß du auf ihn zählen kannst wie auf die früheren Präsidenten“, fügte er hinzu. „Du hast jeden Einfluß in Regierungskreisen verloren, meine Liebe. Die Zeiten sind vorbei!“

Eine halbe Stunde später, als ich meinem alten Freund nachwinkte und dann ins Haus zurückging, um dem Mädchen zu sagen, es könne abräumen, spürte ich, daß es mit dem Besuch meines alten Freundes etwas Besonderes auf sich hatte.

Es war, als habe er für Gott gesprochen und mich auf schonende Weise darauf vorbereitet, daß die Macht meiner einflußreichen Freunde vorüber war und ich mich mehr denn je auf den Herrn verlassen mußte.
Es dauerte nicht allzu lange, bis ich eine wachsende Feindschaft unter den Leuten spürte. Ich sah sie in den Augen der Männer, wenn ich in Wah durch die Straßen ging. Nie werde ich die Veränderung in der Haltung eines unteren Beamten vergessen, mit dem ich Grundsteuerfragen besprach. Früher war er immer ein sehr ergebener Mensch gewesen, der sich vor mir verneigte und die Hand an die Stirn legte. Jetzt verhielt er sich richtig feindselig. Ich merkte es an seiner heftigen Redeweise und der verächtlichen Art, mit der er mir die Formulare hinwarf.
Als ich kurz darauf die Straße außerhalb meines Hauses entlangschlenderte, erblickte ich einen Mann, der mir sonst regelrecht nachgelaufen war, um mit mir reden zu dürfen. Jetzt war er völlig umgekrempelt. Er übersah mich, wandte rasch den Kopf ab und starrte ins Weite, während ich vorüberging. Ich lächelte im stillen. „Ach Herr, benehmen wir uns nicht alle wie Kinder?“
Erstaunlicherweise schien die neue Regierung wenig Einfluß auf meine dienstbaren Hausgeister auszuüben. Außer Nurjan, die sich noch immer still an ihrem Glauben freute, und Raisham, meinem zweiten christlichen Mädchen, setzte sich meine gesamte Dienerschaft aus frommen Moslems zusammen. Und doch bestand zwischen uns echte Zuneigung. Mehr als einmal schlüpften meine moslemischen Diener in mein Schlafzimmer und wünschten mich zu sprechen. „Bitte, Begum Sahib Gi“, sagten sie etwa, „wenn Sie vielleicht gehen müssen . . . oder falls Sie sich entschließen sollten zu gehen . . ., sorgen Sie sich nicht um uns. Wir finden schon wieder Arbeit.“

Wie anders war mein Verhältnis zu den Dienstboten jetzt im Vergleich zu früher!
In jener Zeit spielten Träume wieder eine außerordentliche Rolle für mich. Schon immer waren sie Teil meiner christlichen Erfahrungen gewesen, seit dem Tag, an dem ich Jesus zum ersten Mal begegnete und im Traum mit Ihm speiste. Jetzt wurden diese seltsamen und mystischen Erlebnisse, von denen auch Paulus berichtete, noch lebendiger.
Eines Nachts wurde ich im Geiste entrückt und überquerte mit großer Schnelligkeit den Ozean. Rasch wie das Licht gelangte ich in ein Land, das meinem Gefühl nach New England sein mußte, obwohl ich noch nie in Amerika gewesen war. Ich befand mich vor einem Haus, vielleicht auch einem Heim. Ich schwebte in ein Zimmer mit zwei Betten. In dem einen lag eine Frau mittleren Alters mit rundem Gesicht, hellblauen Augen und grau-weiß meliertem, kurzem Haar. Ein weißes, gepreßtes Baumwolltuch mit einem Dreiecksmuster bedeckte ihr Bett. Sie war offenbar sehr krank; ich hatte das Gefühl, daß sie Krebs hatte. Eine Krankenschwester saß neben dem Bett auf einem Stuhl und las. Und dann sah ich meinen Herrn in der Ecke des Zimmers. Ich kniete vor Ihm nieder und fragte, was ich tun solle.
„Bete für sie“, sagte Er. Da ging ich ans Bett der Frau und betete inbrünstig um ihre Heilung.
Am Morgen saß ich am Fenster und stand noch immer unter dem Eindruck der Dinge, die ich jenseits des Meeres in einem Krankenzimmer gesehen hatte. Warum bat Jesus mich, für jene Frau zu beten? Er war doch selbst da. Trotzdem hatte Er mich aufgefordert, für sie zu beten. Ich begann, die Wahrheit einer gewaltigen Offenbarung zu erahnen. Unsere Gebete sind unserem Herrn ungeheuer wichtig. Er wirkt durch sie. Ich wurde ins fünfte Kapitel des Jakobusbriefes geleitet: „Ihr vertrauensvolles Gebet wird den Kranken retten. Der Herr

wird ihn aufrichten und ihm vergeben, wenn er Sünden begangen hat." (V. 15)

„Des Gerechten Gebet vermag viel, wenn es ernstlich ist..."

Unser Gebet vermag also viel zugunsten des Menschen, für den wir bitten.

Ein anderes Mal hatte ich die Vision, über einen Landungssteg zu gehen, so, als bestiege ich ein Schiff. Der Steg führte in einen Raum. Darin stand Christus. Er schien mich zu unterweisen. Dann ging ich den Steg wieder zurück. An seinem Ende wartete eine Dame, die westlich gekleidet war, auf mich; sie trug einen Rock und eine Jacke. Sie kam mir entgegen, hakte mich unter und führte mich mit sich fort.

„Wohin gehen wir, Herr?" fragte ich, indem ich mich umwandte. Er wollte es mir nicht sagen.

Der Traum sollte wohl bedeuten, daß ich wieder eine Reise unternehmen würde. Obwohl ich diesmal einem unbekannten Ziel entgegenreiste, wollte Jesus unterwegs bei mir bleiben und über mich wachen. Der Traum stimmte mich gewissermaßen auf etwas Neues ein, so daß ich durch die Nachrichten, die ein alter Freund mir brachte, nicht erschreckt wurde.

Im März 1971, nur wenige Monate nach der Machtübernahme Bhuttos, empfing ich den Besuch von Yaqub, einem alten Freund aus Regierungskreisen. Er stand unserer Familie schon seit vielen Jahren sehr nahe. Als mein Mann Innenminister war, gab es eine Zeit, in der Pakistan einen wirtschaftlichen Rückgang mit einer beängstigend unausgewogenen Handelsbilanz verzeichnen mußte. Yaqub und ich hatten mitgeholfen, ein Selbsthilfeprogramm auszuarbeiten, das unter dem Namen „Plan zum einfachen Leben" bekannt wurde. Der Grundgedanke bestand darin, die pakistanischen Industrien zur Herstellung von Gebrauchsgütern zu ermutigen, damit die teuren Importe eingeschränkt werden konnten.

Wir waren zusammen durch das Land gefahren und hatten

mitgeholfen, kleine Fabriken und Baumwollindustrien ins Leben zu rufen. Wir hatten die ansässigen Bewohner dazu ermutigt, Stoffe zu weben und dann Kleider herzustellen. Wir selbst waren freiwillig einem Sparprogramm beigetreten und trugen handgewebte Gewänder aus dem eigenen Land. Es war eine gute Sache, denn der „Plan zum einfachen Leben" erwies sich als voller Erfolg. In dem Maße, wie die einheimische Industrie aufblühte, verbesserte sich die wirtschaftliche Lage Pakistans. Seither war es all die Jahre immer wieder vorgekommen, daß Yaqub mich besuchte und mit mir über Politik und Weltprobleme diskutierte. Er wußte in den Besitzverhältnissen unserer Familie sehr gut Bescheid, da er viele Landgüter, die wir überall in Pakistan besaßen, selbst besucht hatte, und er wußte, daß der größte Teil unseres Vermögens in Grund und Boden angelegt war.

„Bilquis", sagte er fast entschuldigend, „ich habe mich mit ein paar Freunden unterhalten, und da . . . da kamen wir auf deine finanzielle Situation zu sprechen. Hast du daran gedacht, einen Teil deines Landbesitzes zu verkaufen? Ich weiß nicht, ob du gut daran tust, so viel Grund und Boden zu behalten, wo Bhutto doch eine Landreform plant."

Wie aufmerksam von Yaqub! Und es war nicht ungefährlich für ihn. Da die Feindseligkeit gegenüber der herrschenden Schicht von gestern immer mehr zunahm, konnte ihm das vor meinem Haus geparkte Dienstfahrzeug leicht Unannehmlichkeiten einbringen.

„Danke, Yaqub", sagte ich mit möglichst fester Stimme. „Aber so, wie die Dinge jetzt liegen, bin ich entschlossen, nichts zu unternehmen. Nichts – absolut nichts wird mich zwingen, mein Land zu verlassen!"

Das war natürlich ein kindischer Ausspruch. Die alte Bilquis mit ihrer herrischen, eigensinnigen Art wurde wieder einmal sichtbar. Meine Haltung überraschte meinen Freund jedoch keineswegs. „Diese Antwort habe ich erwartet, Bilquis“, sagte Yaqub lächelnd, seinen Schnurrbart glattstreichend. „Trotzdem kommt vielleicht die Zeit, wo du Pakistan verlassen möchtest. Wenn du dann Hilfe brauchst . . .“

„Sollte es wirklich dazu kommen, lieber Freund, dann will ich mich deines Angebots gerne erinnern.“

Ein neuer Traum. Diesmal kam er von der sonst so zurückhaltenden Raisham.

„O Begum Sheikh“, weinte das Mädchen, und die große, schlanke Gestalt kniete neben dem Diwan nieder, auf dem ich in jener kalten Nacht gesessen hatte, als ich dem Herrn begegnet war. „Ich habe einen schrecklichen Traum gehabt. Darf ich Ihnen davon erzählen?“

„Natürlich.“

Ich hörte ihr aufmerksam zu. Raisham erzählte mir, daß in ihrem Traum mehrere böse Männer ins Haus gekommen seien und mich gefangennehmen wollten. „Ich habe mit ihnen gekämpft“, schluchzte sie. „Ich habe gerufen: ‚Begum, laufen Sie weg!‘ Und da sah ich Sie im Traum aus dem Haus laufen und entkommen.“

Die dunkelbraunen Augen des Mädchens waren tränennaß. Ich mußte sie erst einmal trösten, und da hörte ich mich Ratschläge austeilen, die ich mir selbst zu Herzen nehmen sollte. „Meine Liebe“, sagte ich, „ich habe in letzter Zeit von Gott viele solcher Hinweise erhalten, daß ich möglicherweise fliehen muß. Es kann schon dazu kommen. Ich wollte es zuerst nicht glauben. Aber jetzt fange ich an, ernsthaft damit zu rechnen.“

„Es ist möglich“, sagte ich lächelnd, ihr bleiches Gesicht zu mir aufhebend, „daß ich außer Landes gehen muß. Wenn das aber geschehen soll, dann erst zu Gottes Zeit. Ich lerne das anzunehmen. Kannst du mir das glauben?“

Das Mädchen schwieg. Dann schließlich sagte sie: „Welch

wundervolle Art zu leben, Begum Sahib!"
„Das stimmt. Es ist die einzig mögliche Art. Ich habe nichts mehr in meiner Gewalt."
Und obwohl ich jedes Wort, das ich sprach, aufrichtig glaubte, war ich doch nicht ganz Herr meiner Gefühle, nachdem das Mädchen gegangen war. Fliehen? Weglaufen? Ich?
Die Reihe der „Warnerlebnisse" setzte sich im Herbst 1971 in rascher Folge fort. Eines Morgens kam Nur-jan außer Atem und starr vor Erregung zu mir.
„Was ist los, Nur-jan?" fragte ich, als sie mit zitternden Händen mein Haar zu bürsten begann.
„O Begum Sahib", schluchzte Nur-jan, „ich will nicht, daß man Ihnen wehtut."
„Wer soll mir denn wehtun?"
Nur-jan trocknete ihre Tränen. Sie erzählte mir, daß ihr eigener Bruder am Vorabend in der Moschee gewesen sei, und daß dort ein paar Männer geäußert hätten, endlich sei die Zeit gekommen, gegen mich vorzugehen.
„Hast du eine Ahnung, was sie gemeint haben könnten?"
„Nein, Begum Sahib", sagte Nur-jan. „Aber ich habe Angst. Nicht nur um Sie, sondern auch um den Jungen."
„Ein neunjähriges Kind? Sie würden doch wohl nicht wagen . . ."
„Begum Sahib, dieses Land ist nicht mehr das, was es noch vor fünf Jahren war", sagte Nur-jan ernst, und ihre Miene wollte gar nicht zu ihrem sonst so heiteren Wesen passen. „Bitte passen Sie auf sich auf!"
Und wirklich vergingen nur wenige Wochen, bis es passierte.
Der Tag war wunderschön gewesen. Der Herbst lag in der Luft. Die Monsunregen waren vorüber, und die Luft war frisch und trocken. Tagelang war nichts Außergewöhnliches vorgefallen, und ich sagte mir schließlich, daß wir immerhin in

einem modernen Zeitalter lebten. Wir schrieben 1971, nicht 1571. Die Religionskriege gehörten der Vergangenheit an.
Ich ging in mein Zimmer hinauf, um meine stille Zeit mit Gott zu halten.
Plötzlich jedoch, ohne zu wissen warum, spürte ich das Bedürfnis, Mahmud zu holen und nach draußen zu laufen! Welch alberner Gedanke! Aber ich spürte die Notwendigkeit so eindeutig, daß ich den Gang entlanghastete, Mahmud aus seinem Mittagsschlaf riß und das schläfrige und widerstrebende Kind ohne Erklärung durch die Halle zerrte.
Ich kam mir noch immer albern vor, aber ich rannte die Treppe hinunter, riß die Flügeltür auf und stürzte ins Freie.
Sobald ich daußen war, stieg mir beißender Qualm in die Nase. Jemand verbrannte Fichtenzweige. Schon lange galt in meinem Haus jedoch die Abmachung, daß niemand auf meinem Grundstück Abfälle verbrennen durfte. Ich machte mich auf die Suche nach dem Gärtner, und als ich um die Hausecke bog, packte mich kaltes Entsetzen.
An der Hauswand war ein Haufen trockener Fichtenzweige aufgestapelt worden, und der Haufen stand in Flammen. Heiß und schnell kletterten die knisternden Flammen an der Hauswand hoch.
Ich schrie laut auf. Die Dienstboten kamen herbeigelaufen. Rasch füllten einige ein paar Wassereimer in den Bächen und liefen damit hin und her. Andere hatten den Gartenschlauch herbeigeschafft und machten mühsame Löschversuche. Aber unser Wasserdruck war sehr schwach. Einen Augenblick lang sah es so aus, als würde das Feuer auf die Balken übergehen, die am Ende des Gebäudes unter dem Dach hervorragten. Sie fingen schon an zu rauchen und zu glimmen. Wir konnten das Wasser jedoch nicht so hoch hinaufschaffen. Die einzige Möglichkeit, ein Niederbrennen des Hauses zu verhindern, war, die Flammen selbst zu ersticken.

Wir kämpften also gegen die Zeit an und arbeiteten weiter. Die zehn Diener des Hauses bildeten eine Kette zum Bach hinunter und reichten einander die Wassereimer zu, wobei in der Eile natürlich viel verschüttet wurde. Eine halbe Stunde lang mühten wir uns alle ohne Unterbrechung, bis wir die Flammen schließlich unter Kontrolle hatten. Wir standen im Kreis um das Feuer. Alle schwitzten vor Anstrengung, alle zitterten. Nur wenige Minuten später hätte das ganze Haus in Flammen gestanden, und wir hätten nichts mehr ausrichten können.
Ich fing Nur-jans Blick auf. Sie zuckte unmerklich die Achseln und nickte mir zu.
Ich wußte genau, wa sie dachte. Die Drohung hatte sich erfüllt. Ich blickte zu den hölzernen Dachbalken hinauf, deren Enden schwarz verkohlt waren, und auf die schwarzen Flecken an den weißen Wänden meines Hauses. Ich dankte Gott, daß nichts Schlimmeres geschehen war, und ich dachte schaudernd an das, was hätte geschehen können, wäre ich nicht in eben jenem Augenblick aus dem Haus geführt worden.
Eine Stunde später, nachdem die Polizei dagewesen war, sich Notizen gemacht und mich und die Dienstboten einvernommen hatte, saß ich wieder in meinem Zimmer. Ich schlug die Bibel auf, um zu sehen, ob der Herr mir etwas Besonderes sagen wollte.
Ein Satz hob sich von dem übrigen Text ab: „Schnell rette dich dorthin; denn ich kann nichts tun, bis du dort hineingekommen bist.“ (1. Mose 19, 22)
Ich legte das Buch nieder und sah auf. „Jetzt mußt Du mir nur noch zeigen, *wie* und *wohin* ich gehen soll. Wird es leicht sein, oder wird es schwer sein?“
„Und vor allem, Herr“, sagte ich, und die Tränen traten mir dabei in die Augen, „was wird mit dem Jungen? Kann er mitkommen? Du hast mir alles genommen. Wirst du mir auch noch das Kind nehmen?“

Ein halbes Jahr später, im Mai 1972, redete der Herr eines Tages noch einmal durch einen Traum zu mir. Raisham kam mit sorgenvollen Augen auf mich zu.

„Begum Sahib", sagte sie, „ist die Geldkassette sicher?" Sie meinte die tragbare Stahlkassette, in der ich das Wirtschaftsgeld aufbewahrte.

„Natürlich", antwortete ich.

„Warum?"

Mit nur mühsam beherrschter Stimme antwortete Raisham: „Ich träumte letzte Nacht, Sie begäben sich auf eine lange Reise. Sie hatten die Geldkassette dabei."

„Ja?" sagte ich. Das war nicht so sehr ungewöhnlich, da ich die Geldkassette auf Reisen oft bei mir hatte. „Aber der Traum war so *wirklich*", beharrte Raisham. „Und nun kommt das Traurige: als Sie abreisten, wurden Sie überfallen, und die Kassette wurde gestohlen."

Sie zitterte wieder vor Erregung, und ich mußte sie mit der Zusicherung trösten, daß der Verlust meines Geldes mich nur in eine um so stärkere Abhängigkeit von Gott bringen könnte. Nachdem sie wieder ihrer Arbeit nachgegangen war, dachte ich über diesen Traum nach. Konnte er vorausschauende Bedeutung haben? Sollte er mir voraussagen, daß mir mein Geld genommen würde? Sollte ich bald völlig auf mich gestellt sein und ohne jegliche Mittel einem unbekannten Ziel entgegenfahren?

Es waren bewegte Tage. Nur zwei Monate später, an einem heißen Julitag 1972, meldete ein Diener die Ankunft meines Sohnes Khalid.

„Khalid?" Mein Sohn lebte noch immer in Lahore. Wozu eine solche Reise, noch dazu in dieser Hitze? Was mochte so wichtig sein, daß es nicht am Telefon besprochen werden konnte?

Khalid wartete im Empfangszimmer auf mich. „Mein Sohn!"

rief ich aus, als ich zu ihm hineinging. „Wie schön, dich zu sehen. Aber warum hast du nicht vorher angerufen?"
Khalid erhob sich und küßte mich. Er schloß die Zimmertür und kam ohne Umschweife zum Zweck seines Besuches.
„Mutter, mir ist ein erschreckendes Gerücht zu Ohren gekommen." Er hielt inne. Ich versuchte zu lächeln. Khalid fuhr mit gedämpfter Stimme fort: „Mutter, die Regierung wird viele Besitzungen enteignen."
Ich dachte an den Besuch meines alten Freundes zurück; schon vor über einem Jahr, im März 1971, hatte er mir dieselbe Nachricht überbracht. Sollte seine Voraussage jetzt in Erfüllung gehen? Khalid erzählte mir, daß Bhutto demnächst mit der neuen Bodenreform beginne und daß meine Besitztümer mit großer Wahrscheinlichkeit unter den ersten wären, die verstaatlicht würden.
„Was, meinst du, soll ich tun?" fragte ich. „Werden sie alles wegnehmen oder nur einen Teil?"
Khalid stand auf und ging gedankenverloren zum Fenster hinüber, das auf den Garten hinausschaute. Dann wandte er sich mir zu und sagte:
„Nun, Mutter, das weiß niemand. Vielleicht wäre es das beste, wenn du einen Teil deines Besitzes in kleinen Parzellen verkaufen würdest. Auf diese Weise wird der neue Besitzer von einer totalen Übernahme durch den Staat bewahrt bleiben."
Je mehr ich darüber nachdachte, desto logischer erschien mir Khalids Vorschlag. Wir fuhren zu Tooni hinüber und besprachen die Sache auch mit ihr. Alle drei hatten wir das Gefühl, daß es so am besten war, und so wurde Khalids Vorschlag einstimmig angenommen. Khalid würde nach Lahore zurückkehren. Wir würden dort zusammenkommen, um den Papierkrieg zu erledigen. Tooni, Mahmud und ich sollten Khalid bald folgen.

An einem heißen Julimorgen waren wir drei beinahe reisefertig. Wir wollten in Lahore mit Grundstücksmaklern zusammentreffen, um den Verkauf eines Teils meines Landbesitzes zu regeln. Als ich aus dem Hause trat, fiel mir auf, wie herrlich mein Garten aussah. Die Sommerblumen waren voll aufgeblüht, und sogar die Brunnen schienen lauter zu plätschern als sonst. „In ein paar Wochen sind wir wieder zurück", sagte ich zu der vor dem Haus versammelten Dienerschaft. Alle schienen daran zu glauben, das heißt, alle außer Nur-jan und Raisham. Nur-jan brach plötzlich in Tränen aus und lief davon.

Traurig ging ich in mein Zimmer hinauf, um noch etwas zu holen. Als ich wieder in die Halle kam und eben die Treppe hinuntergehen wollte, stand plötzlich Raisham vor mir. Sie nahm meine Hand, in ihren Augen standen Tränen. „Gott sei mit Ihnen, Begum Sahib Gi", sagte sie leise. „Und mit dir ebenfalls", antwortete ich.

So standen Raisham und ich schweigend in der Halle zusammen – wir verstanden einander auch ohne Worte.

Irgendwie fühlte ich, daß ich diese große, schlanke Gestalt nicht mehr wiedersehen würde – und dabei waren wir einander so nahegekommen. Ich drückte ihre Hand und flüsterte: „Es gibt niemand, der mich so gut frisieren kann wie du!"

Raisham bedeckte ihr Gesicht mit den Händen und lief davon.

Ich wollte eben die Schlafzimmertür schließen, da hielt ich inne. Ich ging in das Zimmer zurück und blieb einen Augenblick darin stehen. Die Morgensonne durchflutete den weiß möblierten Raum, und es herrschte eine heilige Stille. Hier war ich dem Herrn begegnet.

Ich kehrte meinem Haus und meinem geliebten Garten, wo mir der Herr so oft nahegewesen war, den Rücken und ging zu meinem Wagen. Ich ahnte, daß ich beides in diesem Leben nicht mehr wiedersehen sollte.

Nachwort

1978. Sechs Jahre sind vergangen, seit ich – nach den Vereinigten Staaten gerufen – auf dem Flug nach Amerika mein Heimatland im Schein der frühen Morgendämmerung verschwinden sah. Die Vorahnung, daß ich Wah nicht wiedersehen würde, war zukunftsweisend gewesen.

Ich bin seither nicht wieder dort gewesen. Aus einem kurzen Besuch in den Staaten ist wohl ein Aufenthalt für immer geworden. Vor allem raten mir meine pakistanischen Freunde ab, mit Mahmud – einem kräftigen Jüngling von 15 Jahren und jetzt „David" getauft – nach Pakistan zurückzukehren. Auch von anderen, in meiner Heimat lebenden Pakistanis habe ich ähnliche Warnungen erhalten. Im Jahre 1976 fand dort ein Islamischer Weltkongreß statt, auf dem ein Beschluß gefaßt wurde, der die Aufhebung bzw. Vertreibung aller ausländischen christlichen Einrichtungen, der missionarischen Sendestationen und ihrer Mitarbeiter forderte. Es liegt auf der Hand, daß ich in Pakistan derzeit nicht willkommen wäre.

Das Wichtigste jedoch war, daß der Herr deutlich machte, daß ich hierbleiben solle. Das wurde mir in einer Vision gezeigt, kurz nachdem ich in den Vereinigten Staaten angekommen war. Der Herr wies mir dabei die Aufgabe zu, warnend darauf hinzuweisen, daß Sein Gericht auch vor Ländern nicht haltmache, die sich als „christlich" bezeichnen. Ich schreckte vor der Aufgabe zurück; es kam mir nicht zu, anderen ihre Fehler vor Augen zu führen, ich war Gast in diesem Land und noch jung im Glauben. So fragte ich: „Warum gerade ich, Herr?" Ich erhielt keine Antwort, doch waren seine Augen so voller Besorgnis, daß ich auf die Knie fiel und zu gehorchen versprach. Doch fragte ich mich noch immer, ob dieser gewaltige Auftrag wirklich vom Herrn oder aus mir heraus kam. Und so bat ich den Herrn um Seine Entscheidung: „Herr, wenn Du meiner Seele Flügel verleihst, dann wird nichts in der Welt mich davon abhalten, das auszusprechen, was Du von mir verlangst." Da wurde ich im Geist fortgeführt, und ein helles Licht umflutete mich. Klar und unmißverständlich befahl mir der Herr, überall in Kirchen und vor Christen über Seine Gnade und Liebe zu sprechen.

Heute lebe ich von einem Augenblick zum andern und warte, um zu sehen, was der Herr als Nächstes mit mir und meiner Zeit tun wird. Eins weiß ich, daß ich Ihn bezeugen muß. Und ich muß für mein eigenes Land beten, da ich vor den Leuten dort nicht unmittelbar Zeugnis ablegen kann.

Aber wenn Menschen mich besuchen kommen, wie meine Töchter Tooni und Khalida und mein Sohn Khalid es vorhaben, dann kann ich frei sprechen. Andere von meiner Familie und meinen alten Freunden werde ich vermutlich niemals wiedersehen. Aber ich bete regelmäßig für sie. Ich bete für alle Moslems, die so nahe und doch so entfernt von Gott leben, die glauben, daß ihre Errettung Frucht einer niemals endenden Kette von guten Werken ist. Ich bete darum, daß sie dem lebendigen Christus begegnen möchten, der ihre Rettung ist.

Ich denke an Nur-jan und Raisham und an alle die anderen Christen, die ich zurückgelassen habe. Und wenn ich mich um ihren Alleingang sorge, dann bin ich gewiß, daß Er auch mit ihnen ist. Denn Er hat versprochen:

> „Ich will euch nicht als Waisen lassen; ich komme zu euch." (Johannes 14, 18).

Die Welt und ihre Güter bedeuten mir jetzt nur wenig. Als mir klar wurde, daß ich nicht mehr nach Hause zurückkehren würde, schrieb ich an meine Familie und bat sie, meine Möbel und Sachen zu nehmen und sie wegzugeben oder zu verwenden, wie es ihnen recht dünkte. Ich fühlte hierbei einen Stich im

Herzen, aber es gab keinen anderen Weg. Obwohl ich zugeben muß, daß ich manchmal an einige meiner alten Sachen mit Sehnsucht denke – zum Beispiel an das silberne Reisenecessaire, das schon meiner Großmutter und Mutter gehörte, oder die zwei kleinen silbernen Perserbrücken in meinem Wohnzimmer. Aber das geht vorüber, so wie man sich einen erfreulichen Augenblick von einem bestimmten Tag ins Gedächtnis ruft.

Ich gab Tooni Vollmacht und bat sie, für die Dienstboten einen Jahreslohn beiseitezulegen. Sie standen mir nahe wie die Glieder meiner Familie, und ich wollte, soviel in meiner Macht stand, tun, damit sie finanziell gesichert ihre neuen Stellen antreten konnten.

Mein Besitztum in Wah? Ich hörte, daß die Gärten von der Regierung enteignet worden sind. Aber wenn ich nach meinem Haus frage, in dem ich erstmals wagte, Gott als Vater anzurufen, erhalte ich nur vage Antworten. Vielleicht wollen meine Familie und Freunde mir verheimlichen, in welch schlechtem Zustand sich das Haus befindet. Was sie jedoch durchaus nicht verstehen können, ist, daß Wah jetzt weit hinter mir liegt. Die Dinge der Welt sind bedeutungslos für mich geworden.

Jetzt habe ich meine Heimat im Herrn gefunden. Die Gemeinde in Christus ist meine neue Familie. Und ich habe unter Schmerzen Schritt um Schritt gelernt, daß erst dann, wenn wir überhaupt nichts mehr besitzen, der Herr tatsächlich durch uns wirken kann. Das ist der Augenblick, in welchem wir beginnen, beständig in seiner Herrlichkeit zu leben.

Bilquis Sheikh

Bilquis Sultana Foundation
P.O. Box 5024
Thousand Oaks, Calif. 91359